名师名校名校长

凝聚名师共识
团结名师关怀
打造名师品牌
培育名师群体

顾明远题

信息技术赋能『双新』背景下
小学数学
课外实践性作业的研究

莫敏 著

图书在版编目（CIP）数据

信息技术赋能“双新”背景下小学数学课外实践性作业的研究 / 莫敏著. -- 重庆 : 西南大学出版社, 2023.12

ISBN 978-7-5697-2191-1

Ⅰ. ①信… Ⅱ. ①莫… Ⅲ. ①小学数学课－学生作业－教学设计－研究 Ⅳ.①G623.502

中国国家版本馆CIP数据核字(2024)第025088号

信息技术赋能“双新”背景下小学数学课外实践性作业的研究

XINXI JISHU FUNENG “SHUANG XIN” BEIJING XIA XIAOXUE SHUXUE KEWAI SHIJIANXING ZUOYE DE YANJIU

莫 敏 著

责任编辑：刘 玉
责任校对：尤国琴
装帧设计：言之凿
出版发行：西南大学出版社（原西南师范大学出版社）
印　　刷：北京政采印刷服务有限公司
成品尺寸：170mm×240mm
印　　张：15.75
字　　数：236千字
版　　次：2023年12月　第1版
印　　次：2023年12月　第1次印刷
书　　号：ISBN 978-7-5697-2191-1

定　　价：58.00元

目 录

第一章

“双新”背景下的小学数学教育教学

在“双新”背景下，小学数学教育教学正经历着前所未有的变革。对《义务教育数学课程标准（2022年版）》的深入解读以及新教材的出现，为我们揭示了这一变革的方向和实质。与此同时，信息技术的融入更是为小学数学教学注入了新的活力，使其更加符合现代教育的理念。首先，《义务教育数学课程标准（2022年版）》的解读为我们提供了教学的新思路。新课标强调学生的个性发展，注重学生的实践操作与创新能力的培养，要求学生能在真实情境中运用数学知识解决问题。其次，新课标的分析解读让我们看到了教材内容的更新与改进。新教材更加注重培养学生的数学思维能力，强调数学与生活的联系，让学生在解决问题的过程中感受数学的魅力。最后，信息技术的融入为小学数学教学带来了新的教学方式和工具。通过多媒体、网络等信息技术手段，教师可以创设生动的教学情境，激发学生的学习兴趣，提高教学效果。同时，信息技术也为学生的自主学习提供了更多的资源和平台，有利于培养学生的自主学习能力。由此可见，“双新”背景下的小学数学教育教学正面临着新的机遇和挑战。我们需要深入解读新课标和新教材，合理运用信息技术，以更好地培养学生的数学素养和创新能力，为他们未来的发展奠定坚实的基础。

第一节 《义务教育数学课程标准（2022年版）》解读

《义务教育数学课程标准（2022年版）》（以下简称"新课标"）是对义务教育阶段数学课程的最新规范和标准要求，对小学数学教育教学工作开展有指导价值和意义。新课标体现了新时代对数学教育的新的要求和期待，为数学教师提供了明确的教学指导，有助于提升义务教育阶段数学教学的质量和水平。

一、新课标的主要特点

新课标强调核心素养导向的课程目标，注重结构化的课程内容设计，并提倡多样化的教学方式，以促进学生全面发展，提高数学教学的质量和水平。

（一）核心素养导向的课程目标

在新课标中，核心素养导向的课程目标被置于首要位置。这一变化代表了数学教育从单纯的知识传授转向对学生全面发展的关注。

核心素养不仅限于数学知识和技能，还包括学生的数学思维能力，问题解决能力，情感、态度和价值观等方面。这意味着数学教学不仅要使学生掌握数学知识，还要培养他们的数学思维和解决问题的能力，以及使他们形成正确的情感、态度和价值观。为了实现这一目标，教师需要设计丰富多样的教学任务和活动，激发学生的学习兴趣，鼓励他们积极参与，锻炼他们的数学思维和实践能力。同时，教师还应注重学生的个性差异，关注他们的学习过程和情感体验，帮助他们建立积极的学习态度和自信心。

（二）结构化的课程内容设计

新课标的另一个重要特点是结构化的课程内容设计。这一设计方式强调了数学知识的内在联系和逻辑性，使学生能够更好地理解和掌握数学知识。

结构化的课程内容设计注重知识的层次性和递进性。通过合理组织教学内容，使学生能够在已有知识的基础上，逐步深入学习新的数学知识。这种设计方式有助于提高学生的学习效果，培养他们的数学思维能力和自主学习能力。同时，结构化的课程内容设计还注重与其他学科和实际应用的联系，使学生能够将数学知识应用于实际情境中，增强他们的问题解决能力和创新意识。

（三）多样化的教学方式

为了实施促进学生发展的教学活动，新课标提倡采用多样化的教学方式。多样化的教学方式能够激发学生的学习兴趣，调动他们的学习积极性，引领他们进行探究学习，提高教学效果。

在实践中，教师可以根据教学内容和学生的实际需求，灵活运用不同的教学方法。例如，可以采用讲解、探究、讨论、合作等不同的教学方式，引导学生积极参与课堂活动。同时，教师还可以借助信息技术手段，如多媒体教学、网络教学等，为学生提供更丰富的学习资源和更广阔的学习空间。多样化的教学方式有助于培养学生的自主学习能力、合作能力和创新能力，促进他们的全面发展。

二、新课标的主要变化

新课标以强化课程育人导向为核心，优化课程内容结构为关键，为研制学业质量标准提供依据，增强指导性助力教学设计，加强学段衔接确保学生顺利发展，从而为小学数学教育提供全方位、有针对性的指导，帮助学生奠定坚实的数学基础，培养学生全面发展的数学核心素养。

（一）强化了课程育人导向

强化课程育人导向是新课标一大特点，这一导向确保了数学课程不仅仅是知识的传授，更重要的是为学生打下做人、做事的基础。将党的教育方针具体化为本课程应培养的核心素养，实际上是为教育工作提供了一个明确的方向。

对于小学数学而言，核心素养不仅仅是对数学知识的掌握，更多的是对数学思维、数学方法的培养，以及对待数学的态度和情感的培养。因此，课程标准中每一章节、每一个知识点，都围绕着这些核心素养进行设计和编排，确保学生在学习过程中既掌握了知识，又形成了正确的价值观和态度。

（二）优化了课程内容结构

优化课程内容结构是提高教学效果的关键。课程内容的选择和组织都基于核心素养的发展要求，这意味着课程内容不再是简单的知识点堆砌，而是有机关联、相互支撑的。

跨学科主题学习活动的设立，是课程内容结构优化的另一个明显特点。这一设计鼓励学生运用多学科知识解决问题，以培养他们的综合能力和创新思维。而在小学数学中，这种跨学科的主题活动可以与生活实际紧密结合，如通过数学解决科学、技术、工程或日常生活中的问题。

（三）研制了学业质量标准

学业质量标准的研制，为教学工作提供了明确的评价依据。根据核心素养的发展水平，结合课程内容制定的学业质量标准，既可以为教师提供一个明确的教学目标，又可以帮助学生了解自己的学习进度和效果。

对于小学数学而言，学业质量标准可以细化到每一个学年、每一个学期，甚至每一个知识点。这样的质量标准有助于教师把握教学的深度和广度，确保教学内容既不过于简单，又不过于复杂，与学生的认知发展水平相匹配。

（四）增强了指导性

课程标准对小学数学教师而言是一盏明亮的灯塔，照亮了他们教学的道路。这种指导性不仅体现在对教学内容的明确界定上，更在于为教师提供了具体且可操作的教学方法和建议。

首先，针对“内容要求”提出的“学业要求”明确了学生应达到的认知水平和学习成果。这让教师在备课时能够准确把握教学目标的重点和难点，做到对症下药。对于小学数学教师来说，这意味着他们可以更加清晰地了解到每个学年、每个学期学生需要掌握的数学知识和技能，从而有针对性地设计教学计划。

其次，“教学提示”部分为教师提供了许多实用的教学策略和方法。这些提示基于教育理论和实践的研究，为教师提供了丰富的教学手段和策略，帮助他们创造一个富有活力、引导探索、激发创新的教学环境。小学数学教师可以利用这些提示，结合学生的年龄特点和认知规律，设计出生动有趣的教学活动，让学生在轻松愉快的氛围中学习数学，激发他们的学习兴趣和积极性。

最后，课程标准还对评价方式与考试命题提出了建议。这些建议旨在引导教师从多个角度全面评价学生的学习成果，避免单一标准的评价方式，更关注学生的学习过程和学习态度。对于小学数学教师而言，他们可以将这些建议融入日常测试和期末考试中，确保评价既能真实反映学生的数学水平，又能激励他们继续努力学习。同时，这些建议也有助于教师反思自己的教学方法和效果，不断改进和提高教学质量。

（五）加强了学段衔接

学段衔接是教育中一个非常重要的环节。新课标特别注重幼小衔接、小初衔接以及初中与高中的衔接，这种衔接不仅仅体现在知识的连续性和进阶性上，还体现在对学生认知、情感、社会性等方面发展的考虑。

对于小学数学而言，与幼儿园的数学教育衔接显得尤为重要。课程标准中明确提出的幼小衔接设计，确保了学生在进入小学后能够顺利适应数学学习，从而打下坚实的数学基础。幼儿园与小学是学生学习旅程中两个重要的站点。在这两个站点之间，学生需要经历许多的变化：环境的变化、教师的变化、学习方式的变化等。其中，数学作为一门基础学科，它的衔接显得尤为关键。在幼儿园，学生接触的数学大多是生活中的实例，如数数、比较大小、简单的图形认知等。而进入小学后，数学的学习逐渐变得抽象，涉及数字的计算、图形的属性、时间的认知等。因此，确保学生在这种具体到抽象的转变中平稳过渡，而不感到困惑和不适应，是幼小衔接的核心任务。

总之，新课标在多个方面都进行了重要的改革和创新，确保义务教育阶段的数学教育能够更好地满足学生的发展需要，培养他们的核心素养，为他们未来的学习和生活奠定坚实的基础。

三、新课标重视学生实践探索能力的培养

新课标明确提出了重视学生实践探索能力培养的要求。这一要求的提出，不仅是对学生全面发展的关注，也是对当前数学教育改革的积极响应。实践探索能力是学生运用所学知识，通过实际操作、观察、实验等手段，解决实际问题的一种能力。它涉及学生的观察力、实验力、推理力、创新力等多方面的素养。在数学教育中，实践探索能力的培养有助于学生更深入地理解和掌握数学知识，提高解决实际问题的能力，同时也有助于激发他们的学习兴趣和动力。

（一）实践与理论的深度结合

在新课标的引领下，实践与理论的结合进一步深化。

首先，教学实践中更加强调真实情境的引入。例如，在教授概率与统计的知识时，不再是单纯地讲授公式和计算方法，而是通过引入真实的数据收集、整理和分析的情境，让学生在实践中理解、体验和应用这些知识。

其次，理论的学习也更加注重与实践的呼应。在学习几何、代数等理论知识时，通过引入与之相关的实际问题，让学生明白理论的来源和应

用，从而加深他们对理论的理解和掌握。

这种实践与理论的深度结合，不仅能让学生在学习中更好地体验和掌握数学知识，更有助于培养他们的数学思维方式和问题解决能力。

（二）更具挑战性的探索性数学活动

为了培养学生的实践探索能力，新课标要求教师设计更具挑战性的探索性数学活动。

这些活动可能涉及多个知识点的综合运用，需要学生调动自己的数学思维，进行深入的探索和思考。例如，设计一个涉及几何、代数、概率等多个知识点的综合性问题，让学生在解决问题的过程中，不仅能运用所学知识，还能发现知识之间的联系和规律。

此外，这些活动还可能涉及真实问题的解决。例如，利用数学知识设计一个优化方案，解决现实生活中的某个问题。这样的活动不仅能让学生感受到数学的实际应用价值，还能培养他们的创新和实践能力。

（三）合作学习中的角色扮演与分工

在合作学习中，学生不再仅仅是学习的个体，他们还可以扮演不同的角色，承担不同的分工。这样的学习方式更有助于培养学生团队协作的精神和实践探索的能力。

在小组内，学生可以根据自己的兴趣和特长选择角色，如组织者、记录员、发言人等。每个角色都有其独特的职责和任务，需要与其他成员紧密合作，共同完成实践探索任务。

此外，合作学习还鼓励学生之间的互助和互教。当某个学生在实践中遇到困难时，其他成员可以给予帮助和指导。这种互助互教的方式不仅能够提高学生的学习效率，还能够培养他们的团队协作精神和人际交往能力。

第二节　小学数学新教材分析解读

"双新"是指新课程、新教材。这是一个以学生为中心的教育观，强调育人为先，培养学生的核心素养，强调让学习真正发生。"双新"是一项系统化措施，涉及新课程方案、新课程标准、新教材、新教学方式、新评价机制和新高考（中考）等几个方面，强调体验式学习、研究性学习、项目式学习等学习方式，促使学校在教育理念、教育内容、教学方式、师生关系等方面进行内源性变革。

一、小学数学新教材的新特点

小学数学新教材更加注重学生的主体地位，强调与生活实际的联系和数学知识的应用，同时也关注学生的学习方法和数学文化素养的培养。这些新特点有助于激发学生的学习兴趣，提高学生的数学素养和综合能力。

（一）与生活实际紧密联系

数学，被誉为"一切科学之母"，是一门研究数量、结构、变化及空间等概念的抽象学科。然而，对于小学生而言，数学是否只是一门充满公式和定理的抽象学科呢？新教材给出了明确否定的答案。新教材的编写者们深入了解到，只有将数学与学生的日常生活紧密相连，才能让学生更好地理解和应用数学。

生活是一个宝库，其中蕴藏着各种各样的数学实例。新教材充分挖掘了这些实例，使学生能够在熟悉的生活场景中学习和应用数学。想象一下，一个小学生走进超市，他看到的不仅仅是琳琅满目的商品，更是数学在生活中的实际应用。新教材便是以此为出发点，让学生在学习数学的过程中不断发现数学在生活中的影子。

例如，超市中的商品价格不仅仅是一个简单的数字，它还代表了货币的价值和计算的魅力。当学生在新教材中学习到加减法时，他们可以通过模拟购物的方式，实践加减运算，深化对数学运算的理解。而家庭的收支情况则可以成为学生学习统计的切入点，通过统计家庭的收入和支出，学生不仅能够掌握统计的基本知识，更能理解数学在经济管理中的重要性。

更进一步，学校的建筑形状、教室的设计都可以成为学生学习几何的载体。学生可以通过实地测量教室的长度、宽度和高度，真实感受到几何图形与生活的紧密联系。这样的实践活动不仅可以锻炼学生的动手能力，更可以让他们明白，数学并不是一门高深莫测的学科，而是与我们的生活息息相关的科学。

（二）注重学法指导

有了与生活实际紧密联系的数学内容，接下来该如何学习这些内容就显得尤为重要。新教材在学法指导方面做出了前所未有的努力，确保学生在学习的过程中不仅获得知识，更掌握学习的方法。

学习策略是影响学生学习效果的关键因素。新教材在各个学习环节中，都为学生提供了明确的学习策略提示。面对复杂的问题时，学生往往会感到无从下手，这时，新教材就会引导学生先分解问题，再逐个解决。这种思维方式不仅有助于提高学生的问题解决能力，还培养了他们的逻辑思维和分析能力。

同时，新教材还特别注重学生的学习反思和总结。学习是一个不断试错、不断进步的过程，而反思和总结则是这个过程中至关重要的环节。新教材在每个章节结束后，都为学生提供了反思和总结的空间，鼓励他们记录自己的学习心得、遇到的困难和解决方法。通过这样的方式，学生能够对自己的学习过程有更清晰的认识，进而调整自己的学习策略，提高学习效果。这种元认知能力的培养，对学生的学习和成长都有深远的影响。

（三）转变学习方式

传统的教学方式往往采用“教师讲、学生听”的模式，学生处于被动接受的状态。然而，新教材彻底颠覆了这一模式，积极推动学生从被动接受者转变为主动探究者。

新教材大量运用探究式学习方法，鼓励学生亲身实践，通过操作、观察、思考，主动发现数学中的规律和奥秘。它不再是教师单方面地传授知识，而是学生在实践中，与小组成员共同探索、共同学习。这种学习方式的引入，有助于培养学生的自主学习能力。面对问题，他们不再等待教师的答案，而是积极寻找解决问题的方法和策略。同时，探究式学习也能够培养学生的团队协作精神。小组内的成员需要相互配合、分享思路，才能达成共同的目标。

此外，新教材还突破了数学单一学科的界限，注重数学与其他学科的整合。这种跨学科的整合，不仅丰富了数学学习的内容，更培养了学生的综合思维能力。例如：在科学学科教学中，学生可能会遇到与数学相关的数量关系和图形分析；在历史学科教学中，学生可能需要运用统计学知识来解读历史数据。新教材正是看到了这种跨学科的需求，为学生设计了许多跨学科的综合性问题，让他们在解决问题的过程中，综合运用多个学科的知识。

（四）强调数学知识的应用

学以致用，是学习的终极目标。新教材明确了这一目标，大力强调数学知识的应用。

为了让学生更好地运用数学知识，新教材设计了许多基于真实情境的数学问题。这些问题不再是抽象的、脱离实际的，而是与学生的日常生活密切相关的。比如，在学习了利润和折扣后，学生可以模拟经营一个小商店。他们需要通过计算商品的成本、售价、销量等，来确定商店的利润。这样的模拟活动，不仅能够提高学生的数学应用能力，还能让他们明白数学在实际生活中的价值。

更进一步，新教材鼓励学生走出教室，运用数学知识解决社会问题。数学不仅仅是一门学科，更是一种工具，可以帮助我们更好地理解和改善世界。例如，学习了统计图表后，学生可以走出学校，调查当地的环保情况。他们可以通过收集数据、制作统计图表，分析当地的环保问题，并提出环保建议。这样的实践活动，不仅能让学生感受到数学的社会价值，更能培养他们的社会责任感和公民意识。

除此之外，新教材还关注数学在现代社会的应用，展示数学在不同领域中的作用。这有助于学生认识到数学的重要性，并激发他们探索数学应用的兴趣。

（五）关注数学文化

数学不仅仅是一门科学，更是一种文化。新教材明确认识到了这一点，因此在内容设计中增加了对数学文化的介绍。

对数学史的介绍是新教材的一大特色。通过讲述阿基米德、欧几里得等古代数学家的故事以及他们如何发现重要的数学定理，让学生感受数学深厚的历史底蕴。同时，介绍古代中国的数学成就，如《九章算术》，不仅可以增强学生的民族自豪感，还能让他们明白数学是全人类共同的财富。

为了更好地培养学生的数学文化素养，新教材还引入了一些与数学相关的艺术、哲学和社会议题。例如，探讨数学与音乐的关系、数学中的美学元素等，都可以让学生从更广阔的角度理解数学。

在教学中，新教材建议教师组织一些与数学文化相关的活动，如数学史小组报告、数学应用展示等，鼓励学生主动参与，从自己所学的数学知识中挖掘其背后的文化内涵。

（六）注重综合评价

评价是教学的重要环节，新教材在评价方式上也进行了创新。

传统的评价方式往往只注重结果，而新教材更看重过程。它关注学生的学习态度、努力程度、合作能力等方面。例如，虽然一个学生得出的答案是错误的，但如果他的思考过程有深度、有创新，那么他也应该得到相应的肯定。

新教材还强调对学生综合运用数学知识的能力的评价。在传统考试中，一般是一个知识点对应一个考题。但在现实生活中，解决问题往往需要综合运用多个知识点。新教材的评价设计注重模拟真实情境，给出需要学生综合运用多个知识点才能解决的问题，以此评价学生的知识整合和应用能力。

为了实现这种综合评价，新教材可能采用多种评价方式，包括考试、小组报告、实践操作、口头报告等。这样的设计可以更全面地反映学生的学习情况，避免单一评价方式带来的片面性。

二、小学数学新教材的新变化

小学数学新教材的变化体现了从知识导向到能力导向的转变，强调数学思维的培养和跨学科学习的倡导，同时引入现代教学手段，以提升学生的学习效果和能力培养。

（一）从知识导向到能力导向的转变

传统的数学教育往往以知识为核心，重视知识点的传授和习题的训练。然而，这种知识导向的教学方式忽视了对学生能力的培养。相比之下，新教材从根本上实现了从知识导向到能力导向的转变。

能力导向的教育更加注重学生的学习过程和方法。新教材通过设计丰富多样的探究活动，引导学生亲身经历数学知识的生成过程。学生不再是被动的接受者，而是成为学习的主体，主动参与到数学学习中。他们需要通过观察、实验、推理等方式，主动探究数学问题，并在这个过程中形成自己的理解和认知。

此外，新教材还注重培养学生的自主学习能力。它鼓励学生设置学习目标，制订学习计划，监控自己的学习进度。学生需要学会合理安排学习时间，选择适合自己的学习方法，处理学习中的困难和挫折。通过这样的训练，学生的自主学习能力能够得到有效提升，为他们未来的学习和生活奠定坚实的基础。

（二）强调数学思维的培养

培养数学思维是数学教育的核心目标之一。新教材明确将数学思维作为培养重点，通过一系列措施激发学生的数学思维活力。

首先，新教材引入了大量开放性问题，这些问题没有固定的答案，需要学生运用数学知识和思维方法，进行深入的探索和思考。学生可以通过尝试不同的解题策略，发现数学中的规律和奥秘，从而培养创新思维和问题解决能力。

其次，新教材注重数学推理的训练。它通过设计一系列推理题目，引导学生运用逻辑思维进行数学推理和证明。学生需要学会从已知条件出发，通过严密的推理，得出合理的结论。这样的训练有助于培养学生的逻辑思维和演绎推理能力。

（三）倡导跨学科学习

现代社会发展迅速，学科之间的交叉与融合日益深入。为了适应这一趋势，新教材积极倡导跨学科学习，促进数学与其他学科的融合。

新教材通过与其他学科的结合，为学生提供了更加广阔的学习空间。例如，在学习数学图形时，可以与艺术学科相结合，让学生欣赏和分析艺术作品中的数学元素；在学习统计时，可以与社会科学相结合，让学生运用统计知识分析社会现象和问题。这样的跨学科学习有助于学生在更广泛的背景下理解和应用数学知识，培养他们的综合思考和创新能力。

（四）引入现代教学手段

随着科技的迅猛发展，现代教学手段已经成为教育领域中不可或缺的一部分。新教材充分意识到了这一点，积极引入多媒体教学、网络技术等现代教学手段，为数学学习注入了新的活力。

多媒体教学通过文字、图像、声音、视频等多种媒体的组合，将数学知识以更加生动、形象的方式呈现给学生。新教材配套的多媒体教学资源丰富多样，包括精美的课件、动态的数学模型、互动式的教学软件等。这些教学资源不仅能够激发学生的学习兴趣，还能帮助他们更好地理解抽象的数学概念。例如，在学习几何图形时，多媒体课件可以展示图形的动态变换过程，让学生直观地感受到图形的性质和特点；在学习函数图像时，学生可以通过互动式软件自行调整参数，观察函数图像的变化，加深对函数性质的理解。

信息技术的引入为数学学习提供了更广阔的平台和更丰富的资源。新教材充分利用信息技术，建立了在线学习平台，学生可以随时随地进行数学学习。在线平台提供了丰富的学习资源，包括课程视频、在线题库、学习指南等，学生可以根据自己的需求进行自主学习和巩固练习。此外，信息技术还为师生之间的互动提供了便利。学生可以通过在线平台与老师进行实时交流，提出问题、讨论数学难题，及时获得指导和帮助。学生之间也可以通过信息平台进行合作学习，共同解决问题，分享学习心得。

三、合理利用并改进新教材的习题训练

新教材的习题设计相较于传统教材更加注重与生活情境的融合，让学生在解决实际问题中学习和运用数学知识，同时也注重了方法探究与问题解决的有机结合。这样的设计使得数学学习更加有趣，也能更好地培养学生的数学思维能力和解决问题的能力。

（一）合理利用教材已有习题

在习题的使用过程中，教师应该根据学生的实际情况，优化使用习题的数量，提高习题的利用率。具体来说，可以根据学生的知识水平和能力水平，选择合适的习题进行练习，并可以根据实际情况进行改编和调整。同时，教师还应该注重习题的多种功能，如同一道习题可以用于不同目的的训练，这样不仅可以提高习题的使用效率，同时也能够帮助学生更好地掌握数学知识。

例如，在有余数的除法这一知识点中，教师可以利用教材中的习题进行反复训练，帮助学生掌握计算被除数、除数、商、余数的方法。同时，可以通过变换题目的叙述方式、增加难度等方式，提高学生的思维品质和计算能力。教师还可以将数学与现实生活相结合，让学生在解决实际问题的过程中学习和运用数学知识。

（二）基于新教材、新课标和学情，合理开发习题

基于新教材和新课标，我们应当深入挖掘数学知识的本质，结合学生的实际学情，合理开发小学数学习题，让学生在解题过程中感受数学的魅力，激发他们的学习兴趣和探索精神。根据新教材、新课标和学情的实际要求，我们应精心设计小学数学习题，确保题目的科学性、趣味性和层次性，让学生在解题中巩固知识、锻炼思维，并体会到数学在现实生活中的应用价值，为他们打下坚实的数学基础。

1. 设计有童趣性的习题

童趣性习题的设计应遵循学生心理发展规律，通过生动有趣的情境和故事情节，引发学生的学习兴趣和积极性。在教授学生数学知识时，教师可以结合教材内容，创设一些富有童趣的情境，将抽象的数学知识融入其中，让学生在轻松愉快的氛围中学习和掌握数学知识。

例如，教师可以利用学生们喜欢的动画角色或故事背景，设计一系列与数学知识相关的习题。通过这样富有趣味性的习题，学生们能够更加专注地思考和解决问题，同时感受到学习数学的乐趣。

2. 设计富有生活气息的习题

富有生活气息的习题能够让学生在学习数学的过程中更好地体会到数学与生活的密切联系。通过将数学知识与日常生活中的实际问题相结合，教师可以帮助学生更好地理解和应用数学知识。

例如，在学习了周长和面积的知识后，教师可以设计一道与实际生活相关的习题：“小明家的客厅长8米，宽6米，现在他想要选购一块合适的地毯铺满客厅，地毯的面积应该是多少平方米？如果地毯的四周需要留出

20厘米的边缘，那么地毯的周长应该是多少？”这样的习题设计可以让学生将数学知识应用到实际生活中，有助于提高他们解决问题的能力。

3. 设计应用性习题

应用性习题是让学生将所学的数学知识应用到实际问题中去解决问题。通过这类习题的训练，学生能够逐渐形成解决实际问题的能力，并且体验到数学在现实生活中的价值。

例如，“在学校的运动会上，学生们需要排列成若干行进行团体操表演，每行需要站6个学生，共有24行。请问一共需要多少学生参加表演？”这样的题目既能够考查学生的乘法运算能力，又能够让他们运用数学知识解决实际问题。通过这样的训练，学生们不仅能够巩固数学知识，还能够逐步形成运用数学知识解决实际问题的意识和能力。

4. 设计有层次性的习题

在设计习题时，教师应充分认识到学生存在的个体差异，并根据这些差异为学生量身定制不同层次的习题。这样的教学方法既尊重了学生的个性，也满足了他们的学习需求。对于基础较薄弱的学生，教师可以设计一些基础题，这些题目主要围绕基础知识展开，帮助他们稳固基础，树立学习信心。而对于基础知识掌握程度较好的学生，教师可以设计一些基本题，这些题目要紧扣当天的教学内容，有效巩固学生新学的知识，促使他们不断进步。此外，为了挑战和拓展学生的思维能力，教师还可以设计一些拓展题。这些题目通常具有一定的难度，旨在引导学生深入思考，激发他们的求知欲。通过这样有层次性的习题设计，每个学生都能在适合自己的题目中获得成就感。

（1）基础题例子。

题目：小明在商店买了5颗糖果，他的朋友又送了他3颗糖果，请问小明现在有多少颗糖果？

解析：这道题考查的是基础的加法运算，适合基础较薄弱的学生，帮助他们稳固基础。

（2）基本题例子。

题目：小明的妈妈买了2袋糖果，每袋有5颗。小明的朋友又给了小明了3颗糖果。请问一共有多少颗糖果？

解析：这道题考查的是稍微复杂的加法运算，需要学生理解问题背景并进行两个数的加法运算，适合基础知识掌握得较好的学生。

（3）拓展题例子。

题目：在一个加法序列中，每个数字都是前一个数字与3的和，如1，4，7，10，13……请问，这个序列中的第10个数字是多少？

解析：这道题考查的是学生对加法运算规律的理解和应用，他们需要识别出数字间的加法关系并推算出第10个数字，适合思维能力较强的学生。

上述习题中，基础题主要考查学生的基础运算能力，基本题则侧重于当天所学知识的应用，而拓展题则要求学生运用已学过的知识进行推理和解决较为复杂的问题。通过同一知识点的不同层次习题的设计，可以更好地满足不同学生的学习需求，并帮助他们在适合自己的难度上逐步进步。

5. 设计开放性习题

为了充分激发学生的创新意识和思维活力，教师可以适度地设计一些开放性习题。这些习题不同于传统的封闭性问题，它们在条件、问题、策略或结论上都具有一定的开放性，能够为学生提供更加广阔的思维空间。例如，在学生学习了长方形和正方形的周长的知识之后，教师可以设计一个开放性问题：“假设你有一根固定长度的铁丝，你需要用这根铁丝围成一个长方形或正方形，那么应该怎样设计才能使得围成的图形的面积最大？”这样的问题并没有唯一的答案，学生需要通过深入的思考、探索和尝试，寻找最优的解决方案。在这样的过程中，学生的创新意识被充分激发，他们的思维灵活性也能够得到锻炼和提升。这样的习题有助于培养学生的问题解决能力和数学思维能力，为他们未来的发展奠定坚实基础。

又如，“一个正方形的周长是32厘米，现在要将这个正方形分割成若干个小的正方形，并且这些小正方形的周长和面积都是整数，请问应该如何分割？"这是一道没有唯一答案的题目，学生需要通过思考和探索，尝试不同的分割方案，从中发现规律并得出结论。这样的习题有助于开拓学生的思维，培养他们的创新意识和解决问题的能力。

总之，新教材的习题设计为教师提供了更多的发挥空间，教师应该充分发挥自己的创造力和想象力，根据学生的实际情况和需求，优化使用习题，提高学生的学习效果。同时，教师还应该注重方法与策略的渗透，让学生在解决问题的过程中形成正确的数学思考方式，提升其数学素养和综合能力。

四、数学教师用好新教材的策略

数学教师用好新教材是提升教学质量、促进学生全面发展的关键。为了充分用好新教材，数学教师需要深入理解新课标和熟悉教材结构，挖掘其中的教育价值和教学潜力。同时，数学教师还应根据学生的实际情况和教学目标，灵活运用教材中的内容，设计富有创意和实效性的教学活动。通过新教材的引领，教师可以激发学生的学习兴趣，培养他们的数学思维能力和问题解决能力。只有真正用好新教材，数学教师才能更好地履行教育使命，培养出具备数学素养和创新能力的新时代人才。

（一）持续更新教育理念

在快速变革的教育领域中，持续更新教育理念对于小学数学教师来说至关重要。新教材承载了新的教育思想和教学方向，它更强调学生的主体性，注重培养学生的创新能力和批判性思维。因此，教师首先需要深入研究和理解这些新的教育理念，确保自己的教学实践与教育理念相一致。

为了实现教育理念的更新，教师可以参与各种教育培训、学术研讨会，与专家、同行进行交流，共同探讨和学习新的教育方法。同时，教师要保持对教育学术研究的关注，定期阅读相关的学术文献，确保自己的教学实践始终基于最新的教育研究成果。

（二）深入理解新教材

对于新教材的理解，许多教师可能首先看到的是内容的变化，但实际上，更重要的是理解这些内容背后的教育理念和教学目标。新教材更注重与真实世界的联系，强调数学在实际问题中的应用，并且更加注重数学思维的培养。

要深入理解新教材，教师首先需要从整体上把握教材的架构和脉络，明确各部分内容的目标以及内容之间的关系。其次，教师需要仔细研读每一章节，理解其中的知识点、教学建议和评价标准，确保对教材有深入、全面的认识。最后，与其他教师的交流和研讨也是深入理解新教材的有效途径，因为每个人的理解都有其独特性，通过交流可以获得更全面的视角。

（三）基于教材整合开发教学资源

新教材虽然内容丰富，但教师仍需要根据学生的实际情况和教学需要进行适当的整合与开发。这意味着教师需要结合教材，寻找和创建与之相匹配的教学资源，如教案、课件、实践活动等。

在开发教学资源时，教师可以利用现有的教育资源库，也可以结合自己的教学实践和经验进行创新。例如，教师可以设计一些与教材内容相关的实践活动，让学生在实践中深化对知识的理解。此外，教师还可以利用多媒体技术，制作富有互动性和趣味性的教学课件，激发学生的学习兴趣。

为了更有效地整合和开发教学资源，教师还可以与其他教师、学校、教育机构进行合作，通过共享资源、交流经验，共同为新教材的教学提供更加丰富和多样的教学资源。

（四）提升专业素养

新教材的出现是教育与时俱进的象征。对于小学数学教师而言，新教材涵盖了更广泛的跨学科知识，需要运用不同的教学方法。因此，提升专业素养成了不可或缺的任务。

提升专业素养意味着教师需要不断地学习，完善自己的知识结构。为了应对新教材带来的挑战，教师可以参加各种与数学相关的教育培训，提高自己对数学学科知识的理解和掌握。此外，教师还可以参加研讨会，与同行交流教学经验，共同学习和探讨新教材的教学方法和策略。在交流和研讨中，教师们可以分享各自在教学实践中遇到的问题和解决方法，激发教学创新的灵感。

除了参与教育培训和研讨会，教师还可以自主进行学习，不断拓宽自己的视野。例如，阅读专业书籍或学术论文、关注数学教育领域的最新动态、了解国内外先进的教学理念和方法等，都有助于提升教师的专业素养。

（五）积极参与教材和教学改革

在教育改革的大潮中，教师不仅应该是执行者，也应该是参与者和推动者。新教材的出现为教学改革提供了契机，教师应积极投身其中，参与教材和教学的改革与实践。

通过实际教学经验的积累，教师可以对新教材的使用情况进行总结和反馈，为教材的进一步完善提供宝贵的建议。教师的实践经验是教材改革的重要参考，他们的反馈可以为教材编写者提供实际的改进方向。

更重要的是，教师可以结合自己的教学实践，探索与新教材相匹配的教学方法和模式。每一位教师都有自己的教学风格和特长，他们可以通过实践，找到与新教材最契合的教学方法，以提高教学效果。同时，这样的探索和实践也有助于推动教育教学的改革与创新，为整个教育界注入新的活力。

（六）关注学生的全面发展

要关注学生的全面发展，教师首先需要树立正确的学生发展观。这意味着教师应将每个学生视为一个独特且具备多方面潜能的个体。在数学教学中，教师不仅要注重学生的数学知识和技能的培养，还要关注学生的思维能力、情感态度和社会适应能力等方面的全面发展。

为了实现这一目标，教师可以创设多元化的教学活动。例如，教师可以设计一些富有挑战性和探索性的数学问题，让学生在解决问题的过程中锻炼思维能力、推理能力和问题解决能力；教师还可以引导学生参与数学项目、数学竞赛等活动，培养学生的合作能力、创新能力和实践能力。

此外，教师还可以将数学与其他学科进行跨学科整合，让学生在综合学习的过程中拓宽视野，培养他们的综合素养。例如，可以结合科学、技术、工程或艺术等学科，设计具有实际背景的数学问题，让学生在解决问题的过程中感受到数学的应用价值，激发他们的学习兴趣和动力。

（七）建立良好的师生关系

建立良好的师生关系是教学过程中的重要环节，它有助于营造积极的学习氛围，提高学生的学习效果。为了建立良好的师生关系，教师需要注重以下几点。

首先，教师要真诚关心每个学生，了解他们的学习需求、兴趣爱好和成长背景。通过与学生进行交流、关注他们的学习进展和困惑，教师可以更好地理解学生，从而有针对性地为其提供支持和指导。

其次，教师应尊重学生的个性差异，采用多样化的教学方法和手段，以满足不同学生的学习需求。这可以体现在教学设计的个性化、教学评价的多样化等方面，让每个学生都能在课堂中找到自己的位置。

最后，教师应注重与学生的情感交流，传递积极的情感和期望。教师可以通过鼓励、赞美和认可，增强学生的自信心和学习动力，促进他们积极参与课堂活动，形成良好的师生互动关系。同时，教师也要容忍学生的错误和问题，给予他们充分的支持和鼓励，帮助他们从失败中汲取经验，继续前进。

第三节　信息技术融入小学数学教学

信息技术融入小学数学教学，为教育事业注入了新的活力和可能性。通过运用信息技术，教师可以将抽象的数学知识以更加生动、形象的方式呈现给学生，从而提高学生的学习兴趣和积极性。同时，信息技术也为学生提供了更多的学习资源和工具，如数学教学软件、在线学习平台等，让学生能够在课堂之外继续深入学习和探索数学知识。这种融合不仅有助于提升教学效果，还能够培养学生的信息素养和数字化能力，为他们未来的学习和生活打下坚实的基础。

一、信息技术融入小学数学教学的必要性和价值

信息技术融入小学数学教学，既是适应现代社会需求的必要举措，也具有丰富教学手段、开阔学生视野的价值，对于提升教学效果、培养学生的信息素养以及促进其全面发展具有重要意义。

（一）必要性

信息技术融入小学数学教学，既是适应现代社会培养信息化人才的需要，也是丰富教学手段、提升教学效果的利器，还是开阔学生视野，引领他们走进数学广阔天地的重要途径。

1. 适应现代社会需求——培养信息化时代的新人

我们生活在一个被信息技术深深影响的时代，从社交娱乐、购物消费到工作学习，信息技术无处不在。信息技术已经不仅仅是一个工具，而是

现代社会运行的基石。因此，学生掌握并熟练运用信息技术，不仅仅是为了满足学习需求，更是为了适应未来的社会生活。

在教学过程中，学生们不仅能够接触到基础的数学知识，更能通过操作和实践，熟悉并掌握基础的信息技术。在这样的教学模式下，学生们不仅能够更好地理解数学知识，更能在实践中提升自我，形成满足现代社会所需的基本信息素养。

2. 丰富教学手段——打造多元化、互动性强的教学环境

在传统的小学数学教学环境中，教师依赖黑板和教科书进行讲解，学生在下面听讲、记笔记。然而这种教学方式往往使学生处于被动接受的状态，缺乏互动性和参与性。而信息技术的引入，打破了这种单一的教学模式，为小学数学教学注入了新的活力。

在信息技术的支持下，教师可以利用多媒体设备、网络教学平台等工具，为学生打造一个多元化、互动性强的教学环境。例如，教师可以利用多媒体设备展示生动形象的数学图表、动画，帮助学生更好地理解和记忆数学知识；通过网络教学平台，学生可以随时随地学习数学知识，还能与教师、同学进行实时互动，提高学习效率。

此外，信息技术的引入使得数学教学可以融合多种教学方法，如情境模拟、游戏化教学等，让学生在轻松愉快的氛围中学习数学知识，提升学习效果。

3. 开阔学生视野——引领学生走进数学的广阔天地

数学是一门研究数量、结构、变化及空间等概念的抽象学科，其应用领域广泛，涉及科学、技术、经济、社会等各个领域。然而传统的小学数学教学往往局限于教材和课堂，学生们很难接触到数学在各个领域中的实际应用。

信息技术的融入帮助小学数学教学突破了这一局限。通过互联网技术，教师可以为学生收集和展示数学在各个领域中的应用案例，让学生认识到数学的广泛应用和巨大价值。比如，教师可以利用网络资源向学生展示数学在建筑设计、物理实验、金融投资等领域的应用情况，帮助学生开阔视野，增强对数学学科的认识和理解。同时，学生也可以通过网络资源自主学习和探索数学的奥秘，培养自主学习和创新思维的能力。

（二）价值

信息技术融入小学数学教学，不仅能够提升教学效果，帮助学生更好地掌握数学知识，还能培养学生的信息素养，提高其学习效率，进而促进学生全面发展，激发学生的创新思维，增强学生解决问题的能力，助推学生建立起跨学科的知识体系，全面提升综合素养。

1. 提升教学效果

教学效果的提升是教育永恒的追求。在传统的小学数学教学中，一些抽象、复杂的数学知识往往难以通过简单的黑板和教科书讲解让学生真正理解和掌握。然而，信息技术的融入为教学效果的提升提供了巨大的可能性。

首先，信息技术可以将抽象的数学知识以更形象、更生动的方式展现给学生。例如，利用多媒体设备和软件，教师可以制作丰富多样的数学课件，将复杂的公式、定理通过图像、动画等形式展示，让学生在直观的感受中更好地理解数学知识。这种形象化的教学方式可以降低学生理解抽象知识的难度，提升他们的学习兴趣和积极性。

其次，信息技术还可以提供个性化的学习支持，满足不同学生的学习需求。每个学生的基础和学习能力都不尽相同，传统的教学方式很难做到个性化的教学。然而，通过信息技术，教师可以根据学生的实际情况，提供有针对性的学习资源和教学辅导。而学生也可以通过网络学习平台观看教学视频、完成在线习题，根据自己的节奏和兴趣进行学习，从而更好地掌握数学知识。

2. 培养学生的信息素养

信息素养是现代社会对人才要求的基本素养之一，也是学生全面发展的重要组成部分。在数学教学中融入信息技术，可以帮助学生培养信息素养，提高他们使用信息技术辅助学习的能力和效率。

在信息技术的支持下，学生可以运用信息技术工具，如搜索引擎、在线数据库、数学学习软件等，获取更多的学习资源。通过学习和实践，学生可以逐渐掌握运用这些工具的方法，进而有效地获取、整理、分析和利用学习资源，提高自主学习的能力和效果。这种信息素养的培养不仅对学生的数学学习有着重要的促进作用，也会对他们未来的学习和生活产生积极的影响。

3. 促进学生全面发展

学生全面发展是教育的终极目标，而信息技术的融入可以为学生的全面发展提供有力的支持。

首先，通过让学生接触和使用信息技术，可以培养学生创新思维和解决问题的能力。信息技术为学生提供了丰富的学习资源和实践机会，学生可以通过自主探索、合作学习等方式，尝试解决复杂的数学问题和实际挑战。这种学习过程可以激发学生的创新思维，培养他们解决问题的能力和团队协作的精神。

其次，信息技术的融入还可以促进学生的跨学科学习和发展。数学是一门基础性学科，它与其他学科有着密切的联系。通过信息技术，学生可以了解数学在其他领域中的应用，如科学、技术、经济等，从而建立起跨学科的知识体系，提升综合素养和综合能力。

二、信息技术融入小学数学教学带来的变化

信息技术融入小学数学教学带来了教学资源的丰富、教学方式的变化、教学时空限制的突破、自主探索学习的发展以及师生角色定位的变化等多方面的积极影响。这些变化不仅提升了教学效果，也为学生的全面发展创造了有利条件。

（一）教学资源的丰富

随着信息技术的融入，小学数学的教学资源变得前所未有的丰富。网

络为教师和学生提供了海量的数学教学资源，包括各种教案、课件、教学视频等，教师可以随时调用这些资源，使得教学内容不再局限于课本。

此外，网络资源还提供了大量的数学问题和实际应用场景，教师可以根据学生的实际情况选择合适的内容进行补充和拓展，使得数学教学更加贴近生活，更具有实用性。这种资源的丰富性不仅为教师提供了更多的教学手段，也为学生打开了一扇进入数学广阔天地的大门。

（二）教学方式的变化

信息技术为小学数学教学带来了全新的教学方式。传统的数学教学主要依赖教师的板书和讲解，而现在教师可以利用多媒体设备生动形象地展示数学内容。例如，通过动画演示，学生可以直观地理解复杂的几何变换；通过数学软件，学生可以动手操作，体验数学实验的乐趣。

此外，网络技术也为合作学习、在线互动等新的教学方式提供了可能。学生可以通过网络平台与教师和同学进行实时交流，共同解决数学问题，从而提高学习的效率和兴趣。

（三）教学时空限制的突破

在信息技术的支持下，小学数学教学不再受时间和空间的限制。学生可以在家中、在学校甚至在旅途中通过网络学习平台继续学习，打破了传统教学中固定的时间和空间限制。这种教学方式为学生提供了更大的学习自由，使他们可以根据自己的时间和节奏进行学习，更好地平衡学习与生活。

（四）自主探索学习的发展

信息技术为学生提供了丰富的自主学习工具和资源，激发了学生自主探索学习的热情。学生可以利用网络查找资料，解决自己的疑问；可以通过数学教学软件，进行实践操作，验证自己的猜想；可以通过网络平台与同学合作，共同研究数学问题。这种自主探索的学习方式有助于培养学生的自主学习能力和创新精神。

（五）师生角色定位的变化

信息技术的融入使得师生在教学过程中的角色发生了变化。教师逐渐从单纯的知识传授者转变为学生学习的引导者、合作者和推动者，他们不再只灌输知识，而是帮助学生发现问题，引导他们探索解决方案。

与此同时，学生的角色也发生了变化。他们不再是被动的知识接受者，而是成为积极的学习参与者、探索者和实践者。学生可以利用信息技术主动获取知识，与同学合作学习，与老师互动交流。这种角色定位的变化有助于激发学生的学习兴趣，提升他们的学习效果。

三、信息技术融入小学数学教学中的策略

在小学数学教学中融入信息技术，需要坚持以学生为中心，创设信息化的教学环境，整合信息技术与数学课程，全面培养学生的信息素养，并采用多元化的评价方式，以全面提升教学效果，促进学生综合发展。

（一）以学生为中心的教学策略

在融入信息技术的小学数学教学中，以学生为中心的教学策略意味着要充分了解学生的学习需求、兴趣特点以及认知水平，并据此选择和设计适合的教学活动。例如，教师可以根据学生的兴趣，选择一些与学生实际生活相关的数学问题，并利用信息技术工具进行呈现和讲解。这样不仅可以引起学生的兴趣，还能帮助学生更好地理解和应用数学知识。

（二）信息化教学环境的创设

创设信息化的教学环境是利用信息技术提升小学数学教学效果的关键步骤。教师可以借助多媒体设备，如投影仪、电脑等，展示生动形象的数学图形、动画，让学生在视觉上获得直观感受。同时，教师还可以利用网络教学平台发布课件、作业等学习资源，方便学生进行自主学习和巩固练习。此外，教师还可以设置在线答疑、讨论区等功能，为学生提供随时随地的学习支持和互动交流机会。

（三）信息技术与数学课程的整合

信息技术与数学课程的整合可以为小学数学教学带来全新的教学模式和可能性。教师可以将数学软件引入课堂，让学生在计算机上亲自操作、

实践，深入探索数学规律和解题方法。例如，使用几何画板软件可以让学生通过拖拽、测量等操作，直观感受几何图形的性质和变化规律。此外，教师还可以引导学生利用网络资源解决实际问题，如利用数据分析工具处理实验数据、利用数学模型解决生活中的实际问题等，从而培养学生的实践能力和创新思维。

（四）学生信息素养的培养

在信息爆炸的时代，培养学生的信息素养至关重要。在小学数学教学中，教师应在课堂上指导学生如何正确、高效地获取与数学相关的网络资源，并教会他们如何筛选信息、鉴别信息的真伪与价值。此外，教师还可以通过布置与信息技术相关的实践任务，让学生在完成任务的过程中锻炼信息搜索、处理、分析等方面的能力。

（五）多元化的评价方式

在信息技术的支持下，评价方式可以更加多元化。除了传统的考试方式，还可以引入在线测试、自动评分系统等方式进行实时、准确的评估。同时，教师还可以设置小组项目、数学竞赛等活动，观察学生在团队合作、创新思维等方面的表现。这些多元化的评价方式不仅可以更全面地反映学生的学习情况，还能激励学生从多个角度发展和提高自己。

四、信息技术融入小学数学教学的路径与方式

（一）路径

通过多媒体教学软件直观地展示数学概念，利用在线学习平台支持学生自主学习，应用数学教学软件提高学习趣味性，采用网络互动教学打破时空限制，信息技术以多种方式融入小学数学教学，全面提升学生参与度与学习效果。

1. 使用多媒体教学软件

多媒体教学软件是一种强大的信息技术工具，在小学数学教学中发挥着重要作用。通过多媒体教学软件，教师可以展示各种生动的数学图形

和动画，将抽象的数学概念以直观、形象的方式呈现给学生。例如，在教授几何知识时，教师可以使用多媒体教学软件展示各种几何图形的构造过程、性质和变换，让学生通过观察和操作，深入理解和掌握几何知识。

多媒体教学软件还具有强大的交互功能，让学生在互动中学习数学。学生可以通过软件中的交互界面，进行拖拽、旋转、缩放等操作，亲身体验数学的变化和规律。这种互动式的学习方式能够激发学生的学习兴趣，提高他们的学习积极性和主动性。

2. 利用在线学习平台

在线学习平台为小学数学教学提供了广阔的空间和丰富的资源。借助在线学习平台，教师可以发布各类学习资源，如电子课件、教学视频、在线题库等，供学生进行自主学习和巩固练习。学生可以根据自己的学习进度和需求，随时随地进行学习，提高学习效率。

在线学习平台还为师生提供了便捷的在线答疑和讨论功能。学生遇到问题时，可以通过平台向教师提问，教师则可以及时进行解答和指导。同时，学生之间也可以在平台上进行互动交流，分享学习经验和解题思路，促进合作学习。

3. 应用数学教学软件

随着移动互联网的普及，数学教学软件逐渐成为小学数学教学的“新宠”。数学教学软件通常包含丰富的数学练习和游戏，能够让学生在移动设备上进行数学学习。这种学习方式具有趣味性和互动性，能够吸引学生的注意力，激发他们的学习兴趣。

数学教学软件还可以根据学生的知识水平和学习风格，提供个性化的学习内容和反馈。学生可以根据自己的实际情况选择合适的学习内容和难度，逐步提高自己的数学能力。同时，数学教学软件还可以记录学生的学习情况，为学生和家长提供清晰的学习报告和分析。

4. 利用网络互动教学

网络互动教学是一种新型的远程教学方式，通过网络直播、视频会议等方式进行远程实时互动教学。这种教学方式突破了时间和空间的限制，让学生能够参与更多的数学活动和交流。

在网络互动教学中，教师可以利用网络直播平台或视频会议软件，实时讲解数学知识、演示解题过程，并与学生进行互动交流。学生可以通过弹幕、语音、视频等方式提问、发表观点，与教师和其他同学进行实时交流。这种教学方式不仅能够激发学生的学习兴趣和积极性，还能够培养学生的沟通能力和合作精神。

（二）方式

翻转课堂重塑了教学流程，微课教学提供了精炼的知识点讲解，直播教学实现了实时互动，在线公开课拓宽了学习资源的获取途径，而VR/AR技术（虚拟现实/增强虚拟现实技术）则为小学数学教学注入了前沿科技的力量，它们共同构建了丰富多彩的信息技术融入小学数学的教学方式。

1. 翻转课堂

翻转课堂是一种创新型的教学方式，它将传统课堂上的直接教学与课前预习和课后复习相结合。在翻转课堂中，学生首先在家中通过信息技术手段预习新的数学知识。他们可以通过观看教学视频、浏览电子资料，进行自主学习并记下疑问。然后，在课堂上，学生将他们所预习的知识与老师和同学进行交流和讨论。教师进行答疑解惑，引导学生进一步探索数学问题，促进学生对数学知识的深入理解和应用。这种教学方式能够更好地满足学生的学习需求，提高学习效果。

2. 微课教学

微课教学是一种以简短、精炼的教学视频为主要形式的教学方式。对于小学数学教学来说，微课通常针对一个具体的知识点或教学环节，长度适中，内容精炼，方便学生随时随地学习。学生可以根据自己的学习进度和兴趣选择观看相应的微课视频。他们可以反复观看、暂停思考，确保自己能够理解和掌握数学知识。微课教学具有高度的灵活性和自主性，适合不同学生的学习风格和能力水平。

3. 直播教学

直播教学是一种通过互联网技术实时传输音视频的教学方式。在小学数学教学中，教师可以利用直播教学平台与学生进行互动。他们可以通过音视频传输功能讲解数学知识、演示解题过程，并与学生进行实时问答、讨论。直播教学可以让学生感受到更真实、更具互动性的课堂，使提问和解答能够即时进行，避免学生积累问题。同时，直播教学还具有回放功能，便于学生回顾和复习学习内容。

4. 在线公开课

在线公开课是一种通过互联网面向广大学生的教学方式。它突破了传统教学的时空限制，让更多学生可以接触到丰富多样的教学资源。在小学数学教学中，在线公开课可以邀请名师、专家进行授课，分享他们的教学经验、教学方法和解题技巧。学生可以通过在线平台观看公开课视频，学习到更多的数学知识、解题思路和学习方法。在线公开课还提供了互动交流的机会，学生可以在线提问、发表观点，与其他学生一起学习和进步。

5. VR/AR技术

VR/AR技术是近年来教育领域中备受关注的前沿技术。VR技术可以让学生置身于虚拟的数学环境中，更直观地理解数学概念和问题。比如，学生可以通过VR技术观察三维几何图形的各个角度，更好地掌握空间关系。而AR技术则可以将数字内容与现实环境相结合，让学生在实际操作中学习数学。比如，学生可以使用AR应用程序模拟场景，再通过手机或平板电脑观看数学问题的实际演示，提升学习效果和兴趣。这些技术为学生提供了更丰富、更真实的学习体验，有助于激发他们的学习动力和创造力。

6. 数字化数学教学游戏

数字化数学教学游戏是一种结合游戏元素和数学教学的方法，它通过富有互动性和趣味性的游戏形式，让学生在愉悦的氛围中学习数学知识。这种教学方式非常符合小学生的年龄特点，能够激发他们的学习兴趣和积极性，提高其学习效果。数字化数学教学游戏的种类繁多，涵盖各个学年的各项数学知识点。例如，针对小学生的数学教学游戏包括数学运算游戏、几何拼图游戏、逻辑思维游戏等。这些游戏通过精美的画面、生动的音效和吸引人的剧情，吸引学生的注意力，让他们沉浸在数学的世界中。在数学运算游戏中，学生可以通过参与各种数学运算挑战，如加减乘除、分数运算等，提高计算能力和反应速度。这种游戏通常设有递进的难度级别，学生可以根据自己的水平逐渐挑战更高难度的题目，激发求胜欲望和学习动力。在几何拼图游戏中，学生可以通过拖拽、旋转拼图块，构建各种几何图形，了解图形的属性、变换等概念。这种游戏不仅可以培养学生的空间想象能力，还可以让他们在实践中掌握几何知识。逻辑思维游戏则通过一系列推理、判断、逻辑分析等任务，锻炼学生的逻辑思维能力和问题解决能力。学生在游戏中观察、分析、推理，找到解决问题的线索和规律，提高数学思维和分析能力。

五、信息技术融入小学数学教学需要注意的问题

信息技术融入小学数学教学是一项系统性工程，需要学校完善基础设施、提升教师素养，引导学生适应新方式并培养良好习惯；教育部门应加强区域公平平台建设，确保资源共享，并监管软件质量，鼓励校企合作，共同努力提升教学质量，促进学生全面发展。

（一）学校信息技术教学基础设施的建设

学校信息技术教学基础设施的建设与更新是确保信息技术顺利融入小学数学教学的关键所在。在数字化时代，稳定、高效的信息技术教学基础设施对于提升教学质量、促进学生学习至关重要。

在许多学校中，老旧的计算机设备和不稳定的网络连接成了信息技术教学的绊脚石。为了使学生能够顺利地进行在线学习、使用教学软件等工具，学校必须对这些基础设施进行持续的投入和更新。这意味着学校不仅要定期更换陈旧的计算机设备，确保它们能够流畅运行新的教学软件，还

要加强校园网络建设，保证网络连接的稳定，使学生可以在任何时间、任何地点顺利进行学习。

除此之外，学校还应建立一个完善的技术支持体系，确保当学生在使用过程中遇到问题时，能够得到及时、有效的解决。学校可以设立专门的技术支持团队，提供详细的使用指南等，确保每一个学生都能够充分利用学校提供的信息技术资源进行学习。

（二）数学教师信息技术教学素养的提升

随着信息技术的不断发展，数学教师也必须与时俱进，不断提升自己的信息技术教学素养。这不仅仅意味着教师需要掌握如何使用新的教学工具和技术，更重要的是要懂得如何将这些工具和技术有效地融入日常教学中去，为学生的学习提供真正的帮助。

为了实现这一目标，学校需要定期组织教师进行信息技术培训。这些培训可以涵盖新的教学软件的操作、在线教学平台的使用、如何利用信息技术进行课堂互动等。通过培训，教师可以了解到最新的教学技术和方法，然后结合自己的教学经验，创造出更加生动、有趣的教学环境。

同时，学校还可以鼓励教师之间进行信息技术的经验分享和交流。这不仅可以促进教师之间的合作，还能够使好的教学经验得到更快的推广和应用。

（三）学生对信息技术教学方式的适应与习惯的养成

在信息技术迅猛发展的当下，如何帮助学生顺利适应新的教学方式，并养成良好的学习习惯，成了教师和家长们共同关心的问题。

对于小学生而言，他们的认知能力和学习习惯尚处于形成阶段，对新的教学方式可能需要一段时间来适应。尤其是在信息技术教学方式引入初期，学生们可能会感到陌生和不适应。这时，教师的引导作用就显得尤为重要。

教师在引入信息技术教学方式时，应循序渐进，逐步引导学生熟悉和掌握新的学习工具和方法。例如，可以通过简单的游戏化教学来激发学生的学习兴趣，然后逐渐引入更复杂的概念和问题。同时，教师还应注重对学生学习习惯的培养，例如，引导学生合理规划学习时间，避免其过度依赖信息技术；鼓励学生自主思考和探索等。

家长在学生的适应过程中也扮演着重要角色。他们应积极配合学校，监督和引导孩子在家中合理使用信息技术进行学习。例如，家长可以与孩子一起制订学习计划，设定明确的学习目标，确保孩子在健康、有序的环境中学习。

（四）区域信息技术教学公平平台的建设

实现教育公平是社会进步的重要体现，而在信息技术教学中，确保所有学生都能享受到优质的教学资源则是教育公平的具体表现。

在一些地区，由于经济发展不平衡等原因，信息技术教学资源分布并不均衡，导致部分地区的学校无法为学生提供高质量的信息技术教学。为了解决这一问题，教育部门应加强对区域信息技术教学公平平台的建设。这可以通过资源共享、教师培训等多种方式来实现。例如，教育部门可以建立一个统一的教学资源平台，将优质的教学资源进行整合和分享，确保所有学校都能获得相同的教学支持。同时，还可以定期组织教师培训，提升教师的信息技术教学能力，确保他们能够充分利用这些资源为学生提供高质量的教学。

（五）小学数学信息技术软件的开发与完善

随着移动互联网的普及，数学教学软件成了小学生学习数学的一个重要途径。然而，目前市场上的小学数学信息技术软件种类繁多，质量参差不齐，这不利于学生的学习。

为了确保学生能够通过软件获得准确的学习内容，教育部门应加强对小学数学信息技术软件的监管。这包括对软件内容进行审查，确保其与教学大纲相符，不存在误导学生的内容；对软件的设计进行评估，确保其符合学生的学习习惯和认知特点。

同时，教育部门还应鼓励企业和学校合作，共同开发和完善适应小学数学教学的信息技术软件。这样可以结合学校和企业的优势，确保软件既符合教学需求，又具有技术先进性和实用性。这种方式，可以为广大学生提供一个安全、高效的学习工具，助力他们在数学学习中取得更好的学习效果。

第二章

小学数学课外实践作业设计与实施的价值

小学数学课外实践作业设计与实施在新时代背景下具有重大的教育价值。它不仅是课堂教学的有力补充，也是培养学生核心素养、落实“双减”政策要求以及实现数学课程育人目标的重要途径。首先，通过精心设计的课外实践作业，可以有效落实新课程标准要求。这些作业注重学生的主体性，引导他们运用数学知识解决实际问题，从而培养他们的数学抽象、逻辑推理、数学建模等核心素养。在这个过程中，学生不仅能够巩固数学知识，更重要的是，他们能够学会如何运用数学思维去看待世界、解决问题。其次，课外实践作业设计与实施也是落实“双减”政策要求的有效途径。通过控制作业的量和难度以及优化作业的设计，可以减轻学生的课业负担，同时提高他们的学习兴趣和效率。这样，学生能够在轻松愉快的氛围中学习和成长，更好地实现全面发展。最后，课外实践作业的实施有助于实现数学课程的育人目标。数学不仅是一门科学，也是一种文化。通过课外实践作业，可以引导学生感受数学的美、欣赏数学的价值，从而激发他们的数学情感。同时，这些作业也可以培养学生的创新精神和实践能力，为他们未来的发展奠定坚实的基础。由此可见，小学数学课外实践作业设计与实施在新时代背景下具有不可替代的价值。我们应该充分发挥其作用，通过精心设计和实施，为学生的全面发展贡献一份力量。

第一节　落实新课程标准要求

在小学数学教学中落实新课程标准要求，我们应以学生为中心，注重培养学生的实践探索能力和数学思维方式。通过创设真实情境，引导学生深入探索数学知识，结合理论与实践，培养他们的问题解决能力。同时，我们应积极倡导合作学习，激发学生互助互学的精神，提高他们的团队协作能力和人际交往能力。只有真正将新课程标准要求贯彻到小学数学教学中，才能帮助学生更好地理解数学、应用数学，培养学生的创新精神和实践能力，为他们未来的发展奠定坚实基础。

一、落实新课程标准要求的必要性

落实新课程标准要求是小学数学教育的必然趋势，它能使学生适应现代社会科技发展的需求，通过实践探索培养创新思维，推动教育改革深化，促进学生全面发展。

（一）贴近现代社会和科技发展的需要

随着科技的飞速发展，现代社会对人才的需求也在发生着深刻的变化。21世纪是一个信息爆炸的时代，数据分析、人工智能、机器学习等领域日新月异，而这些领域的发展都与数学密切相关。因此，现代小学数学教育必须紧跟时代步伐，落实新课程标准要求，使学生具备与现代社会和科技发展需要相适应的数学知识和能力。

落实新课程标准要求意味着数学教育不再局限于教授传统的计算和算

法，而是要让学生了解数学在各个领域中的应用。例如，通过引入数据分析和统计的概念，让学生从小就对数据敏感，培养数据分析的能力。这不仅可以为学生将来的升学和职业发展提供更多选择，还能让他们更好地理解和应用数学，从而更好地适应现代社会的发展。

（二）注重学生的实践探索能力和创新思维培养

实践探索能力和创新思维是21世纪人才必备的素质。传统的数学教学往往注重理论知识的传授，而忽视了学生的实践探索能力和创新思维的培养。这样的教学方式很容易让学生感到数学枯燥无味，失去学习的兴趣。

落实新课程标准要求，就是要改变这种状况。它强调学生通过实践活动来学习和探索数学，让学生在实践中发现问题、解决问题。例如，通过设计一些富有挑战性的数学项目，让学生在团队合作中探索解决方案，培养实践探索能力和团队协作精神。同时，新课程标准还鼓励学生敢于质疑、勇于创新，培养他们的数学创新精神和创新能力。

（三）顺应教育改革的必然趋势

教育改革是一个永恒的话题，它随着社会的发展而不断深化。近年来，我国教育改革取得了显著成果，越来越重视学生的全面发展和个性成长。落实新课程标准要求，正是顺应这一改革趋势的重要举措。

新课程标准要求不仅关注学生的知识掌握，更关注学生的能力培养和素质提升。它要求教师在教学过程中注重学生的个体差异，尊重学生的个性发展。同时，新课程标准还要求教师在教学过程中注重教学方法的改革，从传统的灌输式教学转变为引导式教学，激发学生的学习兴趣和主动性。

这种教育改革的必然趋势，不仅有助于提高学生的学习效果，更有助于培养学生的终身学习能力，促进其全面发展。落实新课程标准要求，正是推动教育改革深入进行的重要途径。

二、落实新课标要求的策略

落实新课标要求在小学数学教学中的策略，应关注知识与能力的整合、学生的主体地位、课堂与生活的连接、评价与反馈的机制以及技术与教学的融合，以整体性的教学构思和长远的教学目标为导向，促进学生的全面发展，引导学生探索数学世界、提升数学能力，在开放与前沿的教学方式中提高教学效果。

（一）关注知识与能力的整合

传统的教学方式往往侧重于知识的直接传授，但这样的教学方式很容易使学生成为知识的被动接受者，而不是主动的思考者和实践者。落实新课标的要求，关注知识与能力的整合显得至关重要。

为了实现知识与能力的有效整合，教师可以采用多种教学策略。比如，设计富有挑战性的问题或项目就是一种非常有效的方式。这些问题或项目能够鼓励学生在解决问题的过程中充分运用所学的数学知识，并锻炼他们的分析、推理、创新等综合能力。

让我们以教授几何知识为例。传统的教学方式一般是通过大量的习题练习来让学生熟悉和掌握几何知识。但如果我们关注知识与能力的整合，就可以尝试让学生设计和制作一个与几何知识相关的真实模型，比如一个三维的几何图形。在这个过程中，学生不仅需要运用所学的几何知识，还需要发挥空间想象能力，通过动手实践把抽象的几何图形变为现实。这样一来，学生不仅能够更深入地理解和掌握几何知识，还能培养动手能力和创新思维。

（二）关注学生的主体地位

过去的教学中，学生往往被视为知识的接受者，他们的主体地位经常被忽视。然而，学生作为学习的主体，他们的需求、兴趣和动力都对学习效果有着重要影响。

为了真正体现学生的主体地位，教师需要改变传统的教学方式，从学生的需求出发，设计能够激发他们学习兴趣和动力的教学活动。探究式学习和合作学习是两种非常有效的方式。在探究式学习中，学生可以自主选择感兴趣的问题进行深入研究，通过独立思考和与他人交流，逐步找到问题的答案。而在合作学习中，学生可以与小组成员一起探讨某个数学问题，共同寻找解决方案。

这样的学习方式不仅能够激发学生的学习兴趣，还能让他们在学习过程中发挥主动性和积极性。同时，通过与他人的交流和合作，学生还能培养团队协作和沟通能力，这些能力在未来的生活和工作中都将发挥重要作用。因此，关注学生的主体地位不仅有助于提高教学效果，更有助于培养学生的综合素质和能力。

（三）关注课堂与生活的连接

学习数学学科最终的目的是更好地理解和解决现实生活中的问题。当学生能够理解数学在生活中的应用价值时，他们的学习动力自然会增强，学习态度也会更加积极。

为了真正将课堂与生活连接起来，教师需要做一个有心人，时刻留意生活中的数学元素，并将其融入课堂教学中。例如，当教授与概率统计相关的内容时，除了传统的题目和案例，教师还可以引入彩票中奖的概率、天气预报的准确率等生活中常见的例子。这样的教学方式不仅能让学生不再感到数学高深莫测，更能帮助他们在实际应用中更好地理解和掌握数学知识。

更进一步，教师还可以为学生设计一些与现实生活密切相关的数学项目或实践活动。例如，让学生运用所学的统计知识分析学校内的某项调查结果，或是利用几何知识设计一个真实的建筑结构。这些活动不仅能让学生体验到数学在生活中的实际应用，还能培养他们的实践能力和创新思维。

（四）关注评价与反馈的机制

评价与反馈是教学中不可或缺的一环。一个公正、客观、全面的评价机制能够真实地反映学生的学习状况，而及时、具体的反馈则能帮助学生明确自己的不足，找到进步的方向。

为了确保评价的公正性和全面性，教师可以采用多种评价方式。传统的笔试当然是一个重要的评价手段，但实践操作、小组讨论、口头报告等方式也能从不同角度展示学生的学习成果和能力。这样的多元化评价方式更能真实、全面地反映学生的学习情况。

而反馈则是帮助学生进步的重要环节。教师给予的反馈应该具体、明确且有建设性，不仅要指出学生的不足，更要为他们提供改进的建议和方向。同时，反馈也应该是及时的，这样才能让学生在最短的时间内调整自己的学习策略和方法。

（五）关注技术与教学的融合

随着科技的飞速发展，教育技术已经成为教育教学改革中不可或缺的一部分。当前，人工智能、大数据等新技术为数学教学提供了新的可能性和巨大的潜力。将这些先进的教育技术融入数学教学中，可以提高教学效果，促进学生的学习和发展。

人工智能可以根据学生的学习情况和需求，提供个性化的学习资源和教学方案。通过分析学生的学习数据和行为，人工智能可以帮助学生找出学习中的薄弱环节，并提供详细的解释和指导。教师可以利用人工智能辅助系统，根据学生的知识水平和学习风格来制订教学计划，以确保每个学生都能在适合自己的模式下进行学习。

大数据技术可以收集和分析大量的学生数据，从而帮助教师更全面地了解学生的学习情况和需求。通过对学生的学习行为、成绩变化等数据进行深入挖掘，教师可以发现学生的学习规律和趋势，能够及时调整教学策略，提高教学效果。同时，大数据还可以用于教学评估，通过对比和分析学生的表现，对教学方法和教材进行客观有效的评估，为教学改进提供科学依据。

VR/AR技术可以为学生提供身临其境的学习体验，帮助他们更好地理解和掌握数学知识。例如，在几何教学中，可以利用VR技术让学生观察三维几何图形的各个角度和侧面，使其更加直观地理解几何概念。而在AR技术的支持下，学生可以通过手机或平板电脑在现实世界中叠加虚拟的数学图形和公式，对它们进行操作，提升学习兴趣和参与度。

互联网技术为数学教学提供了在线学习和互动的平台。学生可以通过在线学习平台观看教学视频、完成在线作业和进行自测练习，实现自主学习和灵活学习。同时，这些平台也提供了学生之间、学生与教师之间的互动交流功能，这个功能可以促进学生之间的合作学习和问题讨论，拉近师生之间的距离。

三、核心素养育人

核心素养指的是学生应具备的适应终身发展和社会发展需要的必备品格和关键能力，突出强调个人修养、社会关爱、家国情怀，更加注重自主发展、合作参与、创新实践。它反映了学生终身学习所必需的素养与国家、社会公认的价值观。核心素养兼具稳定性、开放性与发展性，是一个伴随终身可持续发展、与时俱进的动态优化过程，是个体能够适应未来社会、促进终身学习、实现全面发展的基本保障。学科核心素养是学生通过学科学习而逐步形成的正确价值观念、必备品格和关键能力。这将使学生形成科学的思维方式，并具有能够适应终身发展和社会发展需要的品格和能力。《义务教育数学课程标准（2022年版）》中的核心素养育人，强调了对学生全面发展的关注。通过全面培养学生的数学素养，提高其数学思维能力和解决问题的能力，为其全面发展奠定坚实的基础。

（一）数感

数感是学生对数与数量的直观感知。在《义务教育数学课程标准（2022年版）》中，数感被放在了重要的位置。

在数学教学中，教师会通过一系列的活动帮助学生建立数感。比如，利用生活中的实例，让学生感知数的存在和意义。学生会用手指数数，用物品进行数量的比较，从而逐渐形成对数的直观认识。

随着学习的深入，学生会接触到更大的数和更复杂的数量关系。这时，教师可以通过实际问题情境，引导学生运用数感解决问题。比如，分配物品、计算时间等，都需要运用到数感。

数感的培养不仅仅是为了解决数学问题，更重要的是帮助学生建立对世界的量化认知，使其能够在日常生活中运用数学知识解决实际问题。

（二）量感

量感是学生对量的感受和理解。与数感相比，量感更注重学生对实际物体的量的感知。在《义务教育数学课程标准（2022年版）》中，量感的培养被明确纳入教学目标。

量感的建立需要与实际情境相结合。在教学中，教师可以通过各种实验和活动，让学生亲身体验量的变化。比如，测量长度、重量、时间等，让学生感受到量的大小和变化。

同时，教师还应引导学生进行比较和估算。通过比较不同物体的量，学生可以形成对量大小的直观认识；通过估算，学生可以锻炼自己的判断和推理能力。

量感的培养有助于学生更好地理解和应用数学知识。在实际生活中，我们经常需要估计物体的量，比如购物时估计重量、测量房间的长度等。具有良好的量感，可以使学生在这些情境中做出准确的判断和决策。

（三）符号意识

符号意识是数学素养中的重要组成部分，它涉及对数学符号的理解和运用。在《义务教育数学课程标准（2022年版）》中，符号意识被视为学生数学抽象思维能力的关键。

对于小学生来说，数学符号可能是一个抽象而陌生的概念。因此，在教学中，教师需要引导学生逐渐理解符号的意义。例如，通过实际问题的引入，让学生感受符号在表达数量关系和变化规律中的作用。逐渐地，学生可以明白符号，如“+”“−”“×”“÷”等所代表的操作和意义。

除了基本的运算符号，数学中还有许多其他符号，如括号、等号、不等号等。这些符号在数学表达中起着重要的作用。教师应当逐步引导学生理解这些符号的含义和用法，使他们能够准确地运用符号进行表达、运算和推理。

符号意识是形成抽象能力和推理能力的经验基础。通过符号的运用，学生可以将具体问题抽象为数学模型，进一步进行推理和解决。这种抽象能力的培养，有助于学生在更高层次上理解和应用数学知识。

（四）运算能力

运算能力是小学生数学核心素养中的基础能力之一。在《义务教育数学课程标准（2022年版）》中，运算能力被强调为准确、迅速、合理地进行运算。

准确性是运算能力的基础。在教学中，教师应当注重学生对运算规则的准确理解和应用。通过大量的练习和反馈，学生可以逐渐提高运算的准确性，避免常见的计算错误。

迅速性是运算能力的体现。通过熟练掌握运算方法，学生可以迅速地进行计算，并能在有限的时间内完成复杂的运算任务。教师应当引导学生探索不同的算法，鼓励他们通过多样化的算法选择，提高运算的速度和效率。

合理性是对运算能力的更高要求。学生应当根据具体情境和问题选择合适的运算方法，灵活应用不同的运算策略解决问题。在教学中，教师可以设置实际问题，引导学生思考并选择合理的运算方法，培养他们的运算思维和问题解决能力。

（五）几何直观

几何直观是借助图表描述和分析问题的思维方式，它是培养学生空间想象能力和数形结合思维水平的重要手段。

在教学中，教师可以通过具体的几何图形和操作活动，引导学生直观感知几何概念和性质。比如，通过观察图形的形状、大小、角度等特征，学生可以形成对几何对象的直观认识。同时，教师还可以鼓励学生进行图形的绘制和变换操作，培养他们的空间想象能力。

几何直观不仅能够帮助学生理解几何知识，还能提升他们的数形结合思维水平。通过将几何问题与代数问题相结合，学生可以运用几何直观进行问题的建模和解决，这种数形结合的思维方式有助于培养学生的综合思维和问题解决能力。

（六）空间观念

空间观念是学生对空间的基本认知和理解，它是数学素养中的重要组成部分。在《义务教育数学课程标准（2022年版）》中，明确提出了帮助学生建立空间观念的目标，以培养他们对空间的感知和想象能力。

空间观念的培养首先应从基础图形的认知开始。教师可以通过具体的实物模型、图形绘制等方式，引导学生观察、感知图形的基本性质，如形状、大小、角度等。学生可以通过亲手操作、实践活动等方式，深入体验图形的空间属性，逐渐形成对空间的直观感知。

进一步地，学生需要理解图形之间的相互位置关系。教师可以通过组合、分解、变换等操作，让学生感知图形的运动与变换过程中的空间关系和变化规律。学生可以通过这些活动，逐渐建立起对空间的深入理解和想象能力。

空间观念的培养不仅有助于学生更好地理解和应用数学知识，还能提升他们解决问题的能力。在实际生活中，有很多问题涉及空间关系和空间想象，如建筑设计、物体摆放等。具备良好的空间观念，可以使学生更加敏锐地观察和分析问题，提出合理的解决方案。

（七）推理意识

推理意识是数学学习中必不可少的一种思维方式。在《义务教育数学课程标准（2022年版）》中，推理意识的培养被重视，并被作为提高学生逻辑推理能力的重要途径。

为了培养学生的推理意识，教师可以引导学生通过观察、实验、归纳、类比等方法获得数学猜想。这些猜想可以作为推理的起点，激发学生的求知欲和探索精神。通过观察图形的规律、总结数据的特征等方式，学生可以提出自己的猜想，并尝试寻找证据来支持或否定猜想。

在接下来的过程中，学生需要运用逻辑推理的方法来验证猜想。教师可以引导学生学习并运用一些基本的推理方法，如演绎推理、归纳推理等，通过推理链条的严密性和逻辑性，逐渐培养学生的推理意识和能力。

推理意识的培养有助于学生形成科学思维和解决问题的能力。它不仅能够提高学生的数学素养，还能够培养他们的思辨精神和创新意识，使其为将来的学习和生活打下坚实的基础。

（八）数据意识

数据意识是现代社会中不可或缺的一种素养，它涉及对数据的敏感性、理解数据的意义以及运用数据分析方法解决实际问题的能力。在《义务教育数学课程标准（2022年版）》中，数据意识被视为数学应用能力的重要表现。

为了培养学生的数据意识，教师需要首先引导学生理解数据的意义。数据是客观世界的量化表达，通过数据可以揭示出事物之间的关系和规律。教师可以通过实际问题的引入，让学生感受数据的重要性和意义。

接下来，学生需要学习如何处理和分析数据。教师可以介绍一些基本的数据分析方法，如数据的收集、整理、描述和推断等。学生可以通过实践活动，运用这些方法解决实际问题，逐步培养数据意识和数据分析能力。

此外，教师还可以通过引入实际案例和数据可视化的方式，让学生更加直观地理解数据的意义和应用。学生可以通过观察、比较和解读图表中的数据信息，发现数据背后的规律和趋势，提出基于数据的解决方案。

（九）模型意识

模型意识是数学核心素养中的重要组成部分，它指的是学生能够将现实世界的问题抽象为数学模型，并运用数学语言对其进行描述和解决的能力。这是一个提炼问题本质，简化复杂情境的过程。

为了培养学生的模型意识，教师首先需要引导他们理解数学模型的意义。数学模型是现实世界的简化表示，它可以帮助我们抓住问题的关键，预测事物的发展趋势。教师可以通过实例分析，让学生了解数学模型在解决实际问题中的作用。

其次，教师需要教导学生如何建立数学模型。这包括确定问题的关键因素、定义变量、选择适当的数学工具和方法、构建数学方程或不等式等。学生应该学习如何从问题情境中抽象出数学结构，并运用数学语言进行准确描述。

此外，学生还需要学习如何验证和优化数学模型。他们可以通过收集数据、进行实验等方式，检验模型的准确性，并根据需要进行调整和改进。这种实践过程将帮助学生加深对数学模型的理解，并提高他们运用数学模型解决问题的能力。

（十）应用意识

应用意识是指学生能够将所学的数学知识应用于实际生活中，以解决实际问题的能力。这种意识的培养不仅有助于学生更好地理解和掌握数学知识，还能激发他们的学习兴趣和动力。

为了增强学生的应用意识，教师需要将数学知识与实际情境相结合，让学生在真实的问题情境中学习和运用数学。例如，教师可以引入生活中的例子，让学生运用数学知识进行计算、推理和解决问题。同时，教师还可以组织实践活动，让学生了解数学在实际应用中的作用。

此外，教师还可以鼓励学生参与数学竞赛、科研项目等活动，拓宽他们的数学应用视野。通过这些活动，学生可以接触到更多具有挑战性的实际问题，提高他们的数学应用能力和创新思维。

（十一）创新意识

创新意识是数学核心素养中不可或缺的一部分，它鼓励学生敢于质疑、勇于创新，不断寻求新的解题思路和方法。创新意识的培养有助于激发学生的创造力和创新精神，为他们未来的发展奠定基础。

为了培养学生的创新意识，教师需要营造一个开放、包容的学习环境。教师应该鼓励学生提出自己的想法和疑问，引导他们从不同角度思考问题，并寻找新的解决方案。同时，教师还可以引入一些开放性问题或非常规问题，让学生尝试运用所学知识进行创新性思考和探索。

创新意识的培养还需要注重学生的实践能力。教师可以设计一些探究性、综合性的数学项目，让学生以小组或个人形式进行实践研究。在这些项目中，学生可以充分发挥自己的想象力和创造力，尝试运用不同的数学工具和方法解决问题，从而培养创新意识和实践能力。

四、小学数学课外实践作业设计与实施是落实新课标要求的有效路径

在新课标的要求下，小学数学教学更加注重学生的全面发展，强调培养学生的实践能力、创新能力和解决问题的能力。因此，小学数学课外实践作业的设计与实施成了落实新课标要求的重要内容之一。小学数学课外实践作业的设计与实施是落实新课标要求的关键环节，需要注重学生的主体性、生活实用性、合作探究性以及准确反馈和指导性，以提高学生的实践能力、创新能力和解决问题的能力，促进他们的全面发展。

（一）以学生为主体，注重作业的多样性和个性化

在新课标中，学生被视为学习的主体，教学应以学生为中心。因此，小学数学课外实践作业的设计也应以学生为主体，充分考虑他们的兴趣、特长和需求。这样不仅可以激发学生的学习兴趣，还能培养他们的自主学习能力和创新精神。

1. 调查报告

让学生围绕某个数学问题或知识点进行调查，收集数据并进行分析和总结。这样的作业可以帮助学生了解数学知识的实际应用，提高他们的信息收集和处理能力。

2. 数学游戏

设计一些有趣的数学游戏，如数独、算术棋等，让学生在游戏中学习和掌握数学知识。这样可以让学生在轻松愉快的氛围中学习数学。

3. 手工制作

让学生利用数学知识制作一些小物品或模型，如几何图形、数字卡片等，这样的作业可以培养学生的动手能力和空间想象力。

4. 个性化方案

针对学生的不同情况，为他们设计个性化的实践作业方案。例如：对于喜欢阅读的学生，可以让他们通过数学故事或数学家的传记来了解数学知识；对于喜欢运动的学生，可以让他们通过运动中的数学问题来学习和掌握数学知识。

（二）结合生活实际，注重作业的实用性和应用性

小学数学课外实践作业应结合生活实际，让学生将数学知识应用到实际生活中，提高他们的应用能力和解决问题的能力。同时，这还可以帮助学生更好地理解和掌握数学知识。

1. 购物优惠

让学生收集超市、商场的购物优惠信息，并进行分析和比较。通过这样的作业，学生可以了解打折、满减等优惠方式的应用，提高他们的购物策划能力和理财能力。

2. 规划旅游路线

让学生根据给定的旅游景点和预算，设计合理的旅游路线。通过这样的作业，学生可以了解线性规划、优化等数学思想的应用，提高他们的规划能力和解决问题的能力。

3. 日常生活中的数学问题

让学生关注生活中的数学问题，如时间管理、家庭用电用水统计等。通过这样的作业，学生可以了解数学在日常生活中的应用，提高他们的生活技能和环保意识。

（三）强调合作和探究，注重作业的互动性和创新性

在新课标中，合作学习和探究学习被视为重要的学习方式。因此，小学数学课外实践作业也应强调合作和探究，注重作业的互动性和创新性。

1. 数学实验

设计一些有趣的数学实验，让学生通过实验来学习和掌握数学知识。例如，让学生通过实验了解图形面积的测量方法、了解函数的变化规律等。

2. 数学模型制作

让学生制作一些数学模型，如几何模型、比例模型等。通过这样的作业，学生可以更好地理解数学的概念和性质，提高空间想象力和创造力。

3. 项目式学习

组织学生开展项目式学习，让他们围绕一个较大的问题或项目进行合作和研究。例如，让学生分组进行城市交通状况调查、环保行动计划等项目。通过这样的作业，可以培养学生的团队合作精神和创新能力。

（四）关注评价和反馈，注重作业的准确性和指导性

小学数学课外实践作业的评价和反馈是教学过程中的重要环节之一，它有助于确保学生的学习效果和质量。

1. 评价的及时性

教师需要及时评价学生的实践作业，以便及时了解学生的学习情况和问题。通过及时的评价，教师可以为学生提供及时的反馈和建议，帮助他们改进和提高。

2. 评价的准确性

教师在评价学生的实践作业时，应给予准确的反馈和建议。反馈应针对学生的作业情况，提供明确、具体的指导，以便学生能够更好地了解自己的学习情况和不足之处。

3. 指导的针对性

根据学生的作业情况，教师可以为他们提供具有针对性的指导和帮助，如针对学生个体差异的学习策略、方法上的建议，以及提供额外的学习资源等。通过有针对性的指导，教师可以帮助学生改进学习策略，提高学习效果。

4. 评价和反馈的形式多样性

评价可以采用多种形式开展，例如教师评价、学生自评互评等。同时，反馈可以用口头表达、文字描述等多种方法进行，以便学生更好地理解教师的意图和要求。

通过评价和反馈，教师可以帮助学生了解自己的学习情况和不足之处，从而激励他们更加努力地学习。同时，教师也可以根据学生的作业情况，为他们提供个性化的教学服务，以满足不同学生的学习需求。

第二节 落实“双减”政策要求

2021年7月24日，中共中央办公厅、国务院办公厅印发了《关于进一步减轻义务教育阶段学生作业负担和校外培训负担的意见》（简称“双减”政策）。政策提出，对于义务教育，要减少作业总量、时长，减轻过重的作业负担，提升学校课后服务水平，满足学生多样化需求。对于校外培训，则规定面向义务教育阶段学生的现有学科类培训机构统一登记为非营利性机构，线上学科类机构改为审批制，学科类培训机构严禁资本化运作，不得占用国家法定节假日、休息日及寒暑假期组织学科类培训。

一、“双减”政策对小学数学教育教学的影响

“双减”政策对小学数学教学的影响主要体现在减轻学生负担、增加实践机会、注重学生个性发展和推进教育现代化四个方面。

（一）减轻学生负担

“双减”政策的首要目标就是减轻学生的学业负担。在传统的教学模式下，学生往往面临着繁重的课后作业和学习压力。而“双减”政策的实施，让小学数学教学开始转向更加科学合理的教学方式。

首先，教师在布置作业时，会更加注重作业的质量而非数量。这意味着学生会接触到更有针对性、更富启发性的习题，而不是进行大量的机械性练习。这样，学生可以在更轻松的氛围中，高效地完成作业，达到掌握知识、提升技能的效果。

其次，“双减”政策还鼓励教师创新教学方式，让学生在课堂上更加主动地参与学习。例如，可以通过组织小组讨论、动手实践等活动，让学生在互动中掌握知识，提升能力。这样的教学方式不仅能激发学生的学习兴趣，还能培养他们的合作精神和创新能力。

（二）增加实践机会

“双减”政策强调增加学生的实践机会，让学生在实际操作中学习和运用数学知识。这对于小学数学教学来说，是一个重要的转变。

在传统的数学教学中，学生往往只是通过听课和做题来学习数学。而“双减”政策鼓励教师为学生设计更多的实践活动，如数学实验、数学建模等。这些活动可以让学生亲身体验数学的魅力，感受数学在现实生活中的应用。

通过实践活动，学生可以更好地理解和掌握数学知识，提高解决实际问题的能力。同时，实践活动还能培养学生的动手能力和创新精神，为他们未来的发展打下坚实的基础。

（三）注重学生个性发展

“双减”政策还注重学生的个性发展，要求教育更加关注每个学生的特点和需求。这对于小学数学教学来说，同样具有重要的意义。

每个学生都是独一无二的个体，他们有着不同的兴趣、特长和学习方式。“双减”政策鼓励教师关注学生的个体差异，为他们提供个性化的教学服务。例如，教师可以根据学生的兴趣和特长，为他们设计专属的学习方案，让他们在自己擅长的领域中发挥所长。

同时，“双减”政策还提倡多元化的评价方式，不仅仅以考试成绩作为评价学生的唯一标准。这样的评价方式更能真实反映学生的学习情况和进步，激发他们的学习动力。

（四）推进教育现代化

“双减”政策强调推进教育现代化，这为小学数学教学提供了新的机遇和挑战。现代化教育技术和方法的应用，可以显著提高教学质量和效率，帮助学生更好地理解和掌握数学知识。

首先，现代化教育技术可以为学生提供更加丰富、多样化的学习资源。例如，通过互联网和数字化资源，学生可以接触到各种形式的数学知识，如动画、视频、音频等。这些资源不仅可以吸引学生的注意力，激发他们的学习兴趣，还可以帮助他们更好地理解抽象的数学概念和问题。

其次，现代化教育方法更加注重学生的自主学习和合作学习。例如，教师可以利用翻转课堂、项目式学习等教学方法，让学生在课堂上更加主动地参与学习。这些方法可以培养学生的独立思考能力、合作精神和创新能力，提高他们的学习效果和综合素质。

最后，现代化教育技术还可以为教师提供更多的教学工具和评估手段。例如，通过在线评估系统和数据分析工具，教师可以更加准确地了解学生的学习情况和需求，为他们提供更加个性化的教学服务。同时，教师还可以利用这些工具进行自我反思和改进，提高自己的教学水平和专业素养。

二、“双减”政策下的小学数学作业设计要求

“双减”政策下的小学数学作业设计要求以提高学生综合素质和减轻学生负担为目标，从注重实效、多样有趣、分层设计、培养习惯和与生活相结合等方面，让学生在完成作业的过程中得到全面的发展。

（一）目标明确

作业设计应紧密围绕教学目标，以巩固课堂所学知识、发展数学思维和提高学生解决问题的能力为宗旨。

在“双减”政策下，小学数学作业设计应明确作业的目标，确保作业内容与课堂教学目标密切相关。作业设计应针对学生在课堂上所学的数学知识、技能和数学思维进行巩固和深化，同时还应注重发展学生的数学应用能力和解决问题的能力。通过完成作业，学生可以更好地理解数学知识的本质和内涵，提高自身的数学素养。

为了实现目标明确，教师可以根据课堂教学目标来制订作业内容。例如，如果课堂教学目标是让学生掌握分数的基本概念和基本运算，那么作业设计可以围绕这个目标进行，让学生通过实际操作理解分数的概念、掌握分数的基本运算方法，让学生通过一些实例理解分数的应用和现实生活中的联系，等等。

（二）精简高效

作业内容要精选，以少而精的高质量作业取代简单、机械、重复性的大量作业，达到“减负增效”的目的。

在“双减”政策下，小学数学作业设计应注重精简高效。过多的重复性作业会使学生感到厌烦和疲劳，甚至对数学产生反感。因此，教师要根据学生的学习情况和需求，合理选择有代表性的题目，让学生在完成作业的过程中得到提高和发展。

同时，为了确保作业的质量，教师需要注重作业的针对性和有效性。要确保作业内容与课堂教学内容紧密相连，能够帮助学生巩固课堂所学知识，提高他们的数学技能和应用能力。在作业的设计中，教师可以根据学生的实际情况进行分层设计，让每个学生都能在完成作业的过程中得到提高和发展。

（三）多样有趣

“双减”政策下的小学数学作业设计应注重多样有趣。小学生的注意力容易分散，对单一的作业形式容易产生厌烦感。因此，教师可以通过多样化的作业形式来激发学生的学习兴趣和积极性。例如，可以设计游戏化的作业、实践性作业、探究性作业等，让学生乐于完成作业。

游戏化的作业可以结合小学生的特点和喜好，将数学知识融入游戏中。例如，可以设计一些数学游戏、谜题等来吸引学生的兴趣。实践性作业可以让学生通过动手操作、观察、实验等方式来巩固和深化数学知识。例如，可以让学生进行一些简单的测量、计算等实际操作来增强他们的实践能力。探究性作业可以让学生通过自主探究、合作交流等方式来解决一些开放性的数学问题。例如，可以让学生探究一些数学规律、解决一些实际问题等来提高他们的探究能力和解决问题的能力。

（四）分层设计

“双减”政策下的小学数学作业设计应注重分层设计。每个学生的学习情况和需求都不同，因此需要针对不同层次的学生设计不同难度和要求的作业。教师可以根据学生的学习成绩、学习能力和兴趣爱好等因素进行分层设计，让每个学生都能在完成作业的过程中得到提高和发展。

分层设计可以分为基础性作业、提高性作业和拓展性作业等不同层次。基础性作业主要是针对全体学生设计的，注重巩固课堂所学的基础知识和基本技能。提高性作业主要是针对学习成绩中等偏上的学生设计的，注重提高他们的数学应用能力和解决问题的能力。拓展性作业主要是针对学习成绩优秀的学生设计的，注重拓展他们的数学视野和思维深度，培养他们的创新能力和探究精神。

通过分层设计，教师可以更好地满足不同学生的学习需求，提高他们的学习效果和学习质量。同时也可以避免一些学生因为作业难度过高或过低而感到厌烦或无聊的情况发生。

（五）注重实效

“双减”政策下的小学数学作业设计应注重实效，通过反馈和评价机制，及时了解学生的学习情况，以便调整教学策略，更好地满足学生的学习需求。作业的反馈和评价机制不仅可以帮助学生了解自己的学习情况和不足之处，还可以帮助教师更好地了解学生的学习情况和需求，从而为他们提供更加个性化的教学服务。

在作业完成之后，教师需要及时对学生的作业进行批改和反馈，指出学生的错误和不足之处，并给予指导和建议。同时，教师还可以针对学生的作业情况给予积极的肯定和鼓励，以增强学生的自信心和学习动力。教师可以建立作业的评价机制，包括作业的评分标准、优秀作业的评选等。通过评价机制，教师可以更好地了解学生的学习情况和需求，同时也可以激励学生更加认真地完成作业。根据学生的作业完成情况，教师可以及时调整教学策略，例如，针对学生普遍存在的问题进行集中讲解和强化训练等，以更好地满足学生的学习需求。

（六）培养习惯

"双减"政策下的小学数学作业设计应注重培养学生的良好学习习惯。通过作业设计，可以引导学生逐步形成良好的学习习惯和态度，例如独立思考、按时完成作业、自我检查等。这些习惯的培养可以帮助学生更好地掌握数学知识，提高他们的学习效果和学习质量。

在作业设计中，教师可以设计一些需要学生独立思考的问题和挑战，引导学生自主思考和分析问题，培养他们的数学思维能力和解决问题的能力。教师可以根据学生的学习情况和需求，合理安排作业的完成时间和期限，并督促学生按时完成作业。这有助于帮助学生形成良好的时间管理习惯和责任感。

教师可以引导学生进行自我检查，例如检查自己的作业是否符合要求、是否符合规范等。这有助于帮助学生形成自我纠错的习惯和能力，提高他们的学习效果和学习质量。

（七）与生活相结合

"双减"政策下的小学数学作业设计应注重与学生的实际生活相结合。数学是一门应用性很强的学科，将数学知识与实际生活相结合可以帮助学生更好地理解和应用数学知识，同时还可以提高他们的数学应用能力和综合素质。

教师可以设计一些与实际生活相关的问题，例如购物优惠计算、时间规划等，让学生通过解决这些问题来应用数学知识。也可以提供一些实际数据或情境，例如家庭支出、旅游预算等，让学生根据这些数据或情境进行计算和分析。教师还可以鼓励学生将在课堂上学到的数学知识应用到实际生活中，例如购物时进行折扣计算、计算家庭水电费等。

（八）合理安排时间

“双减”政策下的小学数学作业设计应注重合理安排时间。学生的身心健康是教育的重要目标之一，因此需要在保证作业质量的前提下，合理安排学生的作业时间，避免因作业过多而影响学生的身心健康。

教师可以根据学生的学习情况和需求，合理控制作业的时间长度和难度水平，避免因作业过多或难度过高而增加学生的负担和压力；给予学生适当的休息时间，以帮助学生缓解疲劳和压力，这有利于他们的身心健康。

三、“双减”政策下的小学数学课外实践作业设计原则

“双减”政策下的小学数学作业设计应遵循实践应用、创新性等原则，以巩固课堂知识、发展数学思维、提高学生解决问题的能力为核心，同时注重分层设计，满足不同学生的学习需求，并通过创新性的问题培养学生的创新能力和探究精神。

（一）实践应用

小学数学作业设计应注重实践应用，通过解决实际问题来巩固和深化数学知识。实践应用可以帮助学生更好地理解和应用数学知识，提高他们的数学应用能力和解决问题的能力。同时，实践应用还可以增强学生的综合素质，例如观察能力、动手能力和合作能力等。

为了实现实践应用，教师可以设计一些与实际生活相关的作业。例如，可以让学生进行购物计算、规划旅游行程、测量物品尺寸等实际操作来巩固和深化数学知识。这些作业可以帮助学生将数学知识应用到实际生活中，提高他们的数学应用能力和解决问题的能力。

此外，教师还可以设计一些探究性的作业，让学生通过自主探究或合作探究来解决问题。例如，可以让学生探究一些数学规律、解决一些开放性数学问题等。这些作业可以培养学生的探究精神和创新能力，同时也可以提高他们的学习效果和学习质量。

（二）创新性

“双减”政策下的小学数学作业设计应注重创新性。创新性的作业可以帮助学生拓展思维、培养创新能力和探究精神。创新性的作业可以包括一些开放性的问题、需要学生自主探究或合作探究的问题等。这些问题可以激发学生的好奇心和求知欲，促使他们积极思考和创新，从而提高学生的创新能力。同时，教师还可以鼓励学生提出自己的想法和解决方案，以培养他们的创新能力和探究精神。

四、“双减”政策下的小学数学课外实践作业设计策略

“双减”政策下的小学数学课外实践作业设计应注重减量提质、实践探索、创新发展和独立思考等方面，以巩固学生数学知识、提高其数学应用能力和综合素质为目标，为学生提供更加优质的教育服务。

（一）减量提质

在“双减”政策下，小学数学课外实践作业的设计需要关注到“减量提质”的原则。这意味着在设计和布置作业时，应尽可能地减少学生的作业量，同时提高作业的质量。这不仅有助于减少学生的学业压力，还可以提高他们的学习效率。

1. 精选题目

根据课堂教学目标和学生学习的重点难点，选取具有代表性的题目。这些题目应该能够覆盖课堂所学的知识点，同时具有一定的难度和挑战性，以达到帮助学生巩固和拓展数学知识的目的。

2. 多样化题型

除了传统的计算题、应用题等，还可以设计一些动手操作、调查报告、项目式学习等多种形式的作业。这些多样化的题型可以激发学生的学习兴趣和积极性，同时也可以帮助他们更好地理解和应用数学知识。

3. 注重思维训练

设计的作业应能够引导学生深入思考，培养他们的逻辑思维和创造性

思维。例如，设计一些一题多解、开放性问题等，鼓励学生探索不同的解决方法。这样可以提高学生的数学思维能力，帮助他们更好地掌握数学知识。

（二）实践探索

小学数学课外实践作业的设计需要注重实践性和探索性。通过设计贴近学生实际生活的作业，引导他们将所学的数学知识应用到实际问题的解决中，培养他们的数学应用能力和解决问题的能力。

1. 设计生活化作业

结合学生的生活经验，设计一些与实际生活相关的作业题目，如购物计算、时间规划、物品测量等。这些生活化的作业可以让学生感受到数学在生活中的实际应用，增强他们对数学的理解和兴趣。

2. 开展项目式学习

设计一些需要学生通过合作、调查、研究才能完成的作业项目，如调查家庭用电用水情况、规划假期旅游行程等。这些项目式学习可以培养学生的团队合作能力和解决问题的能力，同时也可以提高他们的实践能力。

3. 提供真实的数据和情境

提供真实的数学问题背景和数据，让学生面对真实的情境进行思考和解决。这样可以增加作业的趣味性和挑战性，同时提高学生的数学应用能力。例如，提供一些有关金融、统计等方面的真实数据，让学生进行分析并解决问题。

（三）创新发展

小学数学课外实践作业的设计需要注重培养学生的创新能力和探究精神。通过设计开放性和创新性的题目，引导学生自主探究、发现问题、解决问题，培养他们的创新思维和探究精神。

1. 设计开放性问题

设计一些答案不唯一、具有开放性的数学问题。这些问题可以引导学生从多个角度思考问题，提出不同的解决方案，培养他们的创新思维和解决问题的能力。例如，设计一些有关图形变换、数学规律等方面的开放性问题，让学生通过观察、猜想、验证等方法探究问题的答案。

2. 提供数学游戏和挑战性问题

设计一些有趣的数学游戏和挑战性问题，激发学生的好奇心和求知欲。例如，设计一些智力拼图、数学谜题等，让学生在玩中学、学中玩，培养他们的探究精神和创新能力。这些游戏和问题可以涉及数学中的一些基本概念和原理，让学生在解决问题的过程中加深对数学的理解和应用。

3. 鼓励自主学习和合作学习

在鼓励学生自主学习、独立思考的同时，也鼓励他们进行合作学习、互相交流。这样可以让学生在互相学习、互相启发中培养创新能力和探究精神。教师可以组织一些小组讨论、合作学习等活动，让学生共同探究数学问题、分享学习经验等。

（四）独立思考

小学数学课外实践作业的设计需要注重培养学生的独立思考能力。通过设计一些需要学生独立思考的题目，引导学生自主解决问题，培养他们的自主学习能力和数学思维能力。

1. 设计具有启发性的问题

设计一些具有启发性的问题，引导学生积极思考。例如，设计一些需要学生观察、分析、猜想的问题，让学生在解决问题的过程中锻炼自己的思维能力和创新能力。

2. 提供数学史和数学文化的阅读材料

提供一些与数学相关的阅读材料，让学生了解数学的历史和文化背景。这样可以增强学生对数学的兴趣和理解，同时培养他们的独立思考能力和数学素养。这些阅读材料可以包括一些数学家的传记、数学发现的故事等。通过阅读，学生可以了解数学的发展历程以及数学在各个领域的应用，从而激发他们对数学的热爱和学习数学的积极性。

第三节 实现数学课程育人目标

小学数学课程育人目标是培养学生的数学素养，帮助他们建立正确的数学观和数学思维习惯。通过小学数学课程的学习，学生不仅需要掌握基本的数学知识和技能，还需要形成解决问题的能力、创新意识和合作精神。同时，小学数学课程还应该注重学生的情感教育，帮助他们建立自信心和积极的学习态度。通过小学数学课程的学习，学生将学会用数学的方式观察世界、思考问题，并具备终身学习和发展的能力。

一、小学数学课程育人目标

小学数学课程育人是指通过小学数学课程的教学活动，对学生进行全面的素质教育，促进学生德、智、体、美、劳全面发展。小学数学课程旨在帮助学生掌握数学基础知识、培养数学技能和能力、激发创新意识和创新能力、培养合作精神和合作能力以及建立正确的情感态度和价值观，最终成为有理想、有道德、有文化、有纪律的社会主义建设者和接班人。

（一）掌握数学基础知识

小学数学课程的基础知识是整个数学学习的基础，包括整数、小数、分数、图形、计量等的基本概念和运算方法。这些知识不仅是后续数学学习的基础，也是日常生活中应用广泛的数学工具。因此，小学数学课程强调学生对基础知识的掌握，通过各种教学方法和手段，如讲解、示范、练习、游戏等，帮助学生理解数学概念和运算方法，掌握基本的数学技能。

在教授数学基础知识的过程中，教师还需要注重培养学生的数学思维方式和数学学习习惯。例如，通过引导学生观察、分析、比较、归纳等思维活动，帮助学生理解数学概念和规律的本质，培养他们的抽象思维能力和逻辑推理能力。同时，教师还需要注重培养学生的自主学习能力和良好的学习习惯，如认真审题、独立思考、积极练习等，帮助学生形成正确的学习态度和方法。

（二）培养数学技能和能力

小学数学课程不仅要求学生掌握数学知识，还注重培养学生的数学技能和能力。学生需要学会运用数学知识和方法解决实际问题，同时还需要具备一定的推理、判断、分析、综合等思维能力。因此，小学数学课程注重培养学生的数学技能和能力，通过各种教学方法和手段，如案例分析、问题解决、实践操作等，帮助学生掌握解决实际问题的能力和技巧。

在培养数学技能和能力的过程中，教师还需要注重培养学生的创新意识和创新能力。例如，通过引导学生进行猜想、探索、实践等活动，激发他们的创新意识和创造力，鼓励他们在解决问题时尝试新的方法和技术。同时，教师还需要注重培养学生的应用意识和实践能力，帮助他们了解数学在现实生活中的应用和价值，激发他们学习数学的积极性和主动性。

（三）激发创新意识和创新能力

小学数学课程注重培养学生的创新意识和创新能力，鼓励学生在解决问题时尝试新的方法，发挥自己的想象力和创造力。创新意识和创新能力的培养是小学数学课程的重要目标之一，因为这不仅能够帮助学生掌握解决实际问题的能力和技巧，还能够激发他们的学习兴趣和探索欲望。

为了激发学生的创新意识和创新能力，小学数学课程可以采用多种教学方法和手段，如问题解决教学、探究式教学、项目式学习等。这些教学方法和手段可以引导学生主动参与学习过程，积极思考和探索问题，从而培养他们的创新意识和创新能力。此外，小学数学课程还可以通过组织数学竞赛、数学建模比赛等活动，鼓励学生发挥自己的创造力和想象力，尝试解决一些具有挑战性的问题。

（四）培养合作精神和合作能力

小学数学课程注重培养学生的合作精神和合作能力，鼓励学生与同学、老师进行交流和合作，共同解决问题和学习知识。合作精神和合作能力的培养是小学数学课程的重要目标之一，因为这不仅能够帮助学生提高学习效率和学习质量，还能够培养他们的团队精神和集体意识。

为了培养学生的合作精神和合作能力，小学数学课程可以采用小组合作学习、讨论式教学等教学方法和手段。这些教学方法和手段可以引导学生积极参与学习过程，与同学和老师进行交流和合作，共同解决问题和学习知识。同时，小学数学课程还可以通过组织一些团队活动和竞赛，如小组讨论、数学建模比赛等，鼓励学生发挥自己的团队精神和集体意识，共同完成任务和解决问题。

（五）培养正确的情感态度和价值观

小学数学课程注重培养学生的情感态度和价值观，帮助他们建立自信心和学习兴趣。同时，课程还注重培养学生的道德品质和社会责任感，帮助他们成为有理想、有道德、有文化、有纪律的社会主义建设者和接班人。

为了培养学生的情感态度和价值观，小学数学课程可以采用多种教学方法和手段，如情境教学、案例教学等。这些教学方法和手段可以引导学生了解数学在现实生活中的应用和价值，激发他们的学习兴趣和积极性。同时，小学数学课程还可以通过组织一些社会实践活动和道德教育活动等，帮助学生了解社会现实和道德规范的重要性，从而培养他们的道德品质和社会责任感，引导其成为有理想、有道德、有文化、有纪律的社会主义建设者和接班人。

二、课外实践作业在数学课程育人目标实现过程中的重要性

数学，作为一门基础性学科，对于培养学生的逻辑思维、问题解决

能力具有不可替代的作用。而在小学数学的教学中，除了课堂内的知识传授，课外实践作业也扮演着至关重要的角色。它不仅是课堂知识的巩固与延伸，更是实现数学课程育人目标的重要途径。

（一）课外实践作业促进学生自主学习

自主学习是现代教育理念中的核心内容之一，它要求学生能够主动、独立地展开学习活动，具备自我驱动的学习能力。课外实践作业正是促进学生自主学习的重要途径之一。

首先，课外实践作业给予了学生更多的学习自主权。相比于传统的课后练习题，课外实践作业更加注重学生的主观能动性和探究精神。学生可以根据自身的学习兴趣和需求，选择适合自己的实践内容和方式。这种自主选择性能够激发学生的学习动力，使他们更加愿意主动投入到学习中去。

其次，课外实践作业要求学生进行独立思考和问题解决。在实践过程中，学生需要面对各种问题和挑战，而教师往往只提供指导和引导，不会直接给出答案。这就要求学生通过自己的思考和探索，寻找解决问题的方法和策略。这种独立思考和问题解决的过程，有助于培养学生的批判性思维和创新能力，提升他们的自主学习能力。

最后，课外实践作业还为学生提供了自我评价和反思的机会。完成实践作业后，学生可以对自己的学习过程和结果进行总结和评价，找出自己的优点和不足，明确进一步学习的方向和目标。这种自我评价和反思的过程，有助于学生形成自我监控和自我调整的学习习惯，提高他们的学习效能和自主学习能力。

（二）课外实践作业在数学与生活的联系中的价值

数学是一门普遍存在于生活中的学科，而课外实践作业正是强化数学与生活联系的重要桥梁。通过课外实践作业，学生能够将所学的数学知识应用于实际生活中，加深对数学知识的理解，并提升解决实际问题的能力。

课外实践作业通常涉及生活中的各种实际问题，例如测量、预算、规划等。学生需要运用数学知识进行实际操作，如使用测量工具进行长度、面积、体积的测量，运用数学算法进行预算和财务规划，等等。这样的实践作业能够让学生意识到数学不仅仅是一门学科，而是一种解决实际问题的工具。学生能够从中体会到数学在生活中的实际应用价值，增强学习数学的兴趣和主动性。

此外，课外实践作业还可以帮助学生建立起数学与其他学科的联系。数学作为一门基础学科，与科学、技术、工程等领域都有密切的联系。通过课外实践作业，学生可以接触到这些领域中的实际问题，了解数学在这些领域中的应用，拓宽他们的视野和思维方式。

（三）课外实践作业培养学生的合作意识与团队精神

在现代社会中，合作意识和团队精神是不可或缺的品质。课外实践作业，特别是那些需要小组合作完成的项目，为学生提供了培养这些品质的机会。

当一个小组面临一个共同的任务时，每个成员都需要贡献自己的力量，为了实现共同的目标而努力。在这样的过程中，学生们能够学会如何分工合作，根据自己的特长和兴趣承担不同的责任。他们能够意识到每个人都有自己的优势，只有通过相互合作，才能最大限度地发挥团队的整体效能。

在小组合作中，沟通交流是至关重要的。学生们需要充分表达自己的想法和意见，同时倾听他人的观点，并寻求共识。他们能够学会如何有效地沟通，包括尊重他人、表达清晰、倾听理解等。这种良好的沟通习惯不仅在数学学习中有益，更将对他们未来的人际交往产生积极的影响。

面对困难与挑战时，小组成员需要相互支持与鼓励。他们能够学会如何共同解决问题，分工协作，集思广益。这种团队精神的培养，有助于学生们在未来生活和工作中更好地应对挑战，发挥自己的潜力。

（四）课外实践作业锻炼学生的实践能力

实践是检验真理的唯一标准。在教育领域，“知行合一”被广泛认为是教育的最高境界。简而言之，其就是将所学的理论知识与实践相结合，使学生不仅能够理解知识，还能够运用知识解决实际问题。而课外实践作业正是实现这一目标的有效途径。

当学生在完成课外实践作业时，他们需要将课堂上学到的数学知识应用到具体的实际操作中。这不同于纸面上的练习题，实践作业要求学生真正动手去做，去面对真实的问题和挑战。在这样的过程中，学生可能会遇到各种问题和困难，但正是这些挑战，促使他们思考、尝试、再思考。

例如，一个测量类的实践作业可能要求学生测量家中的某个物品的长度或面积。在操作过程中，学生可能需要考虑如何选择合适的测量工具、如何处理测量误差等问题。通过不断的尝试和调整，学生最终会找到解决问题的方法，并从中积累宝贵的实践经验。

此外，课外实践作业也有助于培养学生的创新精神。在实践过程中，学生可能会遇到一些意想不到的情况或问题。这时，他们需要运用所学的知识和自己的思考，寻求新的解决方案。这种创新精神和实践能力的培养，将为学生未来的学术研究和职业发展奠定坚实的基础。

总而言之，课外实践性质的数学作业对于学生们理解数学在生活中的实际应用，以及锻炼学生们使用数学知识解决实际问题的能力起着至关重要的作用，是数学教学过程中不可或缺的一部分，它有助于更好地实现数学课程育人目标。

第三章

信息技术赋能“双新”背景下小学数学课外实践性作业设计

在“双新”背景下，信息技术为小学数学课外实践性作业设计提供了无限可能。通过结合多种作业设计类型，教师能够为学生创造出更加丰富多彩、富有挑战性的学习体验。从作业设计类型上看，教师可以将传统纸质作业与数字化作业相结合，例如在线互动习题、虚拟现实数学游戏等，使学生能够以多元化的方式接触和感知数学。同时，也可以设计项目式作业，让学生在实际操作和探究中深化对数学知识的理解和应用。在作业设计与落实策略方面，教师需要充分利用信息技术的优势，个性化地为每个学生量身定制作业，确保作业既符合学生的能力水平，又能激发他们的挑战欲望。教师可以通过智能教学系统，实时收集学生的作业数据，动态调整作业难度和内容，以实现精准教学。针对作业评价体系建构，信息技术能够帮助教师更加全面、客观地评价学生的作业。除了传统的正确答案外，教师还可以分析学生的解题过程、思路和方法，给出更加细致、个性化的反馈。同时，也可以引入同学互评、家长评价等多元评价方式，使评价更加公正、客观。在特色课外实践项目设计和资源库建设方面，信息技术的作用更加突出。教师可以设计基于大数据的数学探究项目，引导学生挖掘数据中的数学规律；也可以创建在线资源库，汇聚各类优质数学资源，供学生自主学习和探究。总的来说，信息技术为“双新”背景下的小学数学课外实践性作业设计提供了强有力的支持。教师应该充分整合各类资源和技术手段，为学生打造更具吸引力、更具启发性的数学学习环境，让他们在享受学习乐趣的同时，不断提升自身的数学素养和实践能力。

第一节　作业设计类型

调查类、操作类、研学旅行类以及数学日记或数学项目报告等各种形式的数学课外实践性作业，都是以实际问题为导向，旨在培养学生的实践能力、探究精神、团队协作能力、创新能力以及自主学习能力等综合素质，从而为学生的全面发展奠定坚实的基础，提升他们的数学素养和解决问题的能力，同时也使数学教学更加生动有趣、富于实效。

一、调查类作业

对于小学生而言，调查类作业是数学课外实践性作业的一种初步尝试。它引导学生走出课堂，关注生活中的数学问题，并运用所学的数学知识进行实际的调查和问题解决。与大学生的调查类作业相比，小学生的调查类作业更侧重于基础数学概念的应用和实际问题的探索，而且其调查范围和难度都相对较低。

（一）特点

1. 基础性

基础性是小学调查类作业的一大特点。对于小学生来说，他们的认知水平和数学知识储备都处于初级阶段，因此，调查类作业需要紧紧围绕基础数学概念展开。这意味着作业设计的内容应该是小学生能够理解和操作的，例如简单的数据统计、图形认知等。通过这些基础性的调查作业，小学生能够巩固和加深对课堂所学知识的理解，为后续学习打下坚实的基础。

例如，教师可以设计一个调查类作业：让学生统计一周内家庭成员吃水果的数量，并用图表展示结果。这样的作业既涉及简单的数据统计，又可以让学生练习图表的绘制和解读方法，进一步巩固他们对基础数学概念的理解。

2. 生活性

生活性是小学调查类作业的另一个重要特点。为了让小学生更好地理解和应用数学，调查类作业通常选取生活中的常见问题作为背景。这样的设计有助于将抽象的数学知识与现实生活情境相结合，让学生感受到数学在解决实际问题中的应用价值。

例如，教师可以布置一个调查类作业：让学生去超市调查不同品牌牛奶的价格，并计算哪种品牌的牛奶性价比最高。通过这样的作业，小学生能够将所学的数学知识应用到实际购物中，不仅能够锻炼他们的计算能力，还能够培养他们的消费意识和理财观念。

3. 引导性

在小学调查类作业中，教师的引导作用是至关重要的。由于小学生的认知水平和自主学习能力有限，他们需要教师在调查目的、对象、方法以及数据分析等方面进行细致的引导。通过教师的引导，小学生能够明确调查的方向和目标，合理运用数学知识解决实际问题，并逐渐养成自主学习的习惯。

如教师可以为学生制订明确的调查计划和步骤，指导他们如何收集和整理数据，以及如何进行数据分析得出结论。同时，教师还可以鼓励学生提出自己的想法和疑问，引导他们进行深入的探究和思考。通过这样的引导过程，小学生能够逐渐掌握调查的方法和技巧，提高自主学习能力和问题解决能力。

（二）优势

1. 建立数学与生活的联系

调查类作业为小学生提供了一个直观感受数学在生活中应用的机会。通过实际的调查和问题解决过程，小学生能够体会到数学在日常生活、社会现象以及各类实际问题中的广泛应用。这样的体验使数学不再是抽象、孤立的，而是与他们的生活紧密相连、息息相关的。

例如，当小学生进行一项关于家庭用水情况的调查时，他们需要测量、记录和分析数据，进而了解节约用水的重要性。在这个过程中，小学生不仅可以运用数学知识，还可以体验到数学在解决真实问题中的价值，从而增强学习数学的兴趣和动力。

2. 培养解决问题的能力

调查类作业要求小学生面对真实的问题，并尝试寻找答案。这种探索性的学习方式有助于培养小学生的问题解决能力。在面对问题时，他们需要思考如何定义问题、收集数据、分析情况，并最终提出解决方案。这一系列过程不仅能够锻炼他们的数学技能，还能够培养他们的逻辑思维、批判性思考和创新能力。

经常进行这样的训练，小学生会逐渐形成一套解决问题的策略和方法，为他们未来面对更复杂的问题和挑战打下坚实的基础。

3. 初步体验团队协作

调查类作业往往需要小学生与他人合作完成。即使是简单的调查活动，也能够让小学生体验到与他人合作的乐趣和重要性。在合作过程中，他们需要沟通、协调、分工，并共同解决问题。这样的体验有助于培养小学生的团队协作精神和沟通能力，为他们未来参与更复杂的团队项目打下基础。

此外，与他人合作完成作业还能让小学生学习到不同的观点和方法，拓展他们的视野和思维方式，进一步提高他们的学习效果和问题解决能力。

（三）设计策略

1. 选择合适的主题

选择合适的主题是调查类作业成功的关键。一个简单、有趣且与小学生生活密切相关的主题，能够引起学生的兴趣，激发他们的探索欲望。比如，“家中一周的垃圾分类情况调查”作业，既与小学生的日常生活密切相关，又涉及环保这个时下热点话题。通过这样的调查，小学生不仅能学习到数学知识，还能了解到垃圾分类的重要性，实现知识与价值观的双重收获。

2. 明确调查目的和步骤

明确调查目的和步骤是确保调查类作业顺利进行的前提。教师需要为学生制订清晰的调查计划，详细阐述每一步的操作流程，以确保学生在调查中不会迷失方向。一个清晰的计划还能帮助学生有条不紊地进行数据收集、整理和分析，提高他们的工作效率。

为了实现这一目标，教师可以与学生一起制订调查提纲，明确每一步的目的和预期结果。同时，教师还可以为学生提供流程图或操作指南，帮助他们更好地理解和执行调查任务。

3. 简化数据处理

考虑到小学生的认知水平有限，数据处理应尽可能简化。使用简单的统计方法，如图表、基础的算术运算等，可以帮助小学生更容易地理解和分析数据。通过直观的图表展示，小学生能够快速捕捉到数据中的关键信息，形成对问题的初步认识。

在教学中，教师可以指导学生如何使用基本的数学工具来处理和分析数据，如表格、柱状图等。此外，教师还可以引导学生通过观察和比较数据，发现其中的规律和趋势，培养他们的数据分析能力。

4. 鼓励家长的参与与协助

家长的参与在调查类作业中起到重要作用。在作业初期，鼓励家长与孩子一同完成调查，提供必要的支持与指导，有助于增进亲子关系，同时也能够确保作业的顺利进行。家长可以在实际操作中给予孩子帮助，如解释一些复杂的概念，确保孩子理解并完成任务。

这种亲子合作的形式还能让家长更深入地了解孩子在学校的学习内容，从而更好地实现与学校的沟通和协作，共同促进孩子的成长。

5. 重视结果的展示与交流

为小学生提供调查结果展示的机会至关重要。课堂上，教师应设立专门的环节，让学生分享自己的调查经历和成果。这样的展示交流既能增强学生的自信心和成就感，也能让他们从彼此的经验中获得启发、拓展思维。

在展示过程中，教师可以引导学生交流各自的发现、解决问题的方法以及遇到的困难，并鼓励他们提出改进建议。这种互动和交流有助于拓宽学生的思路，激发他们的创新精神，培养他们的批判性思维。

（四）案例与分析

【作业名称】

超市中的数学秘密。

【适用年级】

小学三年级。

【作业目标】

1. 通过实际调查，让学生体验数学在日常生活中的应用。

2. 巩固和加深学生对基础数学概念，如数量、价格、统计等的理解。

3. 培养学生的问题解决能力、团队协作能力和沟通能力。

【作业内容】

第一部分：调查和记录

第一，记录五种常见商品的价格。让学生通过实地调查，接触和了解超市中的商品及其价格。通过观察和记录，学生能对数学中的“数量”和“数值”有更直观的认识。常见商品的选择也能让学生了解到数学和日常生活的紧密联系。在记录过程中，学生需要仔细查看商品标签，正确识别商品的价格，并锻炼自己的观察力和判断力。

第二，调查至少三种商品的促销活动。调查促销活动能让学生接触到商业世界中的数学应用。学生需要理解促销标签，分辨出不同的促销方式（如打折、买一送一等），并计算出促销后的实际价格。这样的活动不仅能让学生了解到数学在生活中的实际应用，还能锻炼他们的计算和逻辑推理能力。

第三，记录超市中某个时段的人流量。为了让学生了解“数据收集”这一概念。他们需要选择一个时段，并记录该时段内进入超市的人数。这个过程能让学生了解到数据的实际意义，并初步接触到统计学中的“样本”和“数据收集”等基础概念。同时，他们也能够体验到数据的波动和变化，为将来的统计学习打下基础。

第一部分通过实地调查和记录，让学生走出课堂，将数学知识应用到实际生活中。这不仅能够锻炼他们的观察力、计算力，还能够提升他们对数学的实际应用和理解。通过调查和记录，学生也能更加明白数学在生活中的重要性和广泛应用，进一步提高对数学学习的兴趣和热情。

第二部分：数据分析和整理

第一，使用表格或图表，整理所记录的商品价格和促销活动。学生将开始接触数据处理和整理的技巧，这是数学中非常重要的一部分。通过将数据整理成表格或图表，学生能更清晰地看出数据之间的关系和规律。这个过程中，学生可以学习如何选择合适的图表类型来展示数据，例如柱状图、折线图等。同时，他们也需要掌握一些基本的电脑操作技巧，如使用电子表格软件等。

第二，分析哪种商品的价格最高，哪种商品的价格最低，哪种商品正在做促销，促销的力度如何。对数据进行进一步分析，学生需要理解如何比较不同商品的价格，通过数据分析找出价格最高和最低的商品。同时，他们还需要理解促销活动的含义，通过分析找出正在做促销的商品，并评估其促销的力度，这样的分析过程能培养学生的逻辑思维能力和判断能力。

第三，根据人流量数据，尝试分析哪个时段人流量最大，哪个时段人流量最小。通过分析和比较不同时段的人流量数据，学生能够了解到超市人流量的变化趋势，以此学习如何识别和判断数据中的最大值和最小值，从而找出人流量最大和最小的时段。这种对数据的分析和解读能力是统计学中的重要技能，也是日常生活中必备的能力。

总的来说，第二部分的数据分析和整理是让学生通过对数据的处理、整理和分析，进一步理解数学在现实生活中的应用。这样的训练不仅能提高学生的数学技能，还能培养他们的逻辑思维能力和解决实际问题的能力。同时，这部分训练也为学生后续学习更高级的统计和分析课程打下了坚实的基础。

第三部分：问题解决

第一，根据所调查的商品价格和促销活动，计算在促销活动下购买商品能省多少钱。学生需要运用他们的数学技能来解决真实世界的问题。首先，他们需要理解促销活动的具体规则，例如打折的比例、买一送一等。其次，他们需要对比促销前后的商品价格，计算出购买商品能省下多少钱。这个过程不仅需要学生的计算能力，还需要他们的理解和推理能力。通过这样的活动，学生能直观地感受到数学在购物中的应用，提升消费意识。

第二，根据人流量的分析，思考超市应该在什么时段增加员工来提高服务质量。通过之前的人流量数据分析，学生已经找出了人流量最大和最小的时段。在这一步中，他们需要运用这个信息，以及他们对超市运营的基本理解，来思考应该在什么时段增加员工以提高服务质量。学生可能需要考虑如何在人流量大的时候确保足够的员工来服务顾客，以及如何在人流量小的时候避免员工过多导致的成本浪费。这个问题需要学生综合考虑多个因素，包括人流量、员工成本、服务质量等，这可以锻炼他们的批判性思维和问题解决能力。

这两点问题的解决，都是将数学知识和技能应用到现实生活中，让学生在实际操作中提升解决问题的能力和技巧。此外，通过这种方式，学生也能更深入地理解数学在生活中的价值，进一步增强学习和应用数学的积极性。

第四部分：展示、交流与评价

（1）展示与交流

学生需要将他们的调查结果、数据分析和问题解决策略整合成一份报告，并向全班同学进行展示。这个环节有助于培养学生的沟通表达和团队协作能力。通过展示，学生们能够分享各自的发现与见解，同时也能从其他小组的展示中获得启发。

此外，还应鼓励学生们在展示过程中分享他们在调查、分析和解决问题过程中遇到的困难，以及是如何克服这些困难的。这种分享不仅有助于提升学生解决问题的信心，也能为其他同学提供了宝贵的经验和启示。

（2）作业评价

首先，评价数据的准确性和完整性。

评价指标一：准确性。在评价中，重视学生是否准确地记录了商品价格、促销活动的具体条款以及各个时段的人流量。轻微的误差都可能导致分析的偏差，所以准确性是至关重要的。

评价指标二：完整性。完整性是指学生是否涵盖了所有需要的调查点。例如，是否记录了五种以上的商品价格、是否分析了至少三种商品的促销活动、是否在人流量高、中、低三个时段都有数据记录等。

其次，评价数据分析的合理性。

评价指标一：方法的应用。学生是否使用了适当的数学方法来简化数据以使其更易于理解。

评价指标二：对比与关联。学生是否对商品的价格进行了比较，是否找出了价格与促销活动之间的关联或者人流量与时间段之间的某种趋势。

评价指标三：深度分析。除了基本的数学分析，学生是否尝试进行更深入的数据解读，如某种商品的价格波动与季节、需求的关系等。

再次，评价问题解决策略的有效性。

评价指标一：实际性。学生的策略是否考虑了超市的实际运营情况，例如增加员工的成本、促销活动带来的收益与支出等。

评价指标二：创新性。除了常规的策略，学生是否尝试提出新的、与众不同的解决方案。

评价指标三：数学模型的运用。学生是否尝试使用简单的数学模型或公式来支持他们的策略，如预测某一策略实施后可能带来的收益增长。

最后，评价报告的清晰度和课堂展示的表现。

评价指标一：报告的布局与逻辑。报告是否有明确的标题、目录、结论等部分，数据的呈现是否清晰，图表是否有标题和说明，分析和结论是否与数据相互呼应。

评价指标二：语言表达。在课堂展示中，重视学生是否能够清晰、流畅地表述自己的调查过程、分析结果和解决方案。

评价指标三：互动与反馈。学生是否准备了问答环节，他们是否能够回应听众的问题和疑虑，并进一步巩固自己的观点和策略。

二、操作类作业

操作类作业是数学实践性作业的一种，它强调学生通过动手操作、制作数学模型或实验器材等方式，直接体验数学知识的应用和实际操作。这种作业形式旨在加深学生对数学知识的理解，并促进其在实际情境中的运用。

（一）特点

1. 实践性

操作类作业的最大特点就是需要学生亲自动手进行操作和实践。这一点至关重要，因为它改变了传统的学习方式，使学生从被动地接受知识变为主动地探索和体验知识。通过动手实践，学生可以深入到数学问题的核心，直接体验数学规律的发现过程，从而更深入地理解和掌握数学知识。此外，动手实践也有助于提高学生的兴趣，使他们更加积极地投入到数学学习中。

2. 创新性

操作类作业鼓励学生探索不同的方法和策略，不强求唯一答案，这一点体现了其创新性的特点。在传统的纸笔作业中，学生往往只需要按照固定的步骤和方法来解决问题，但在操作类作业中，学生被鼓励尝试不同的方法，提出自己的见解和解决方案。这样的作业有助于培养学生的创新意识和发散思维，使他们能够灵活运用所学知识来解决实际问题。

3. 整合性

操作类作业通常整合了多个数学知识点，需要学生综合运用所学知识来解决问题。这种整合性不仅能够锻炼学生的综合能力，还能够帮助他们建立数学知识体系的全局观。在完成这类作业时，学生需要思考如何将不同的数学知识点联系起来，形成解决问题的有效策略。这种整合性的特点有助于提高学生的问题解决能力，同时也为他们未来的学习和生活打下了坚实的基础。

4. 直观性

操作类作业的直观性是其独特魅力所在。通过动手操作，学生能够以更直接、更感性的方式感受和理解数学知识，这使得抽象的数学概念变得直观易懂。传统的数学学习方式往往注重纸面上的运算和推理，而对于一些学生来说，这种方式可能较为抽象、难以理解。相比之下，操作类作业允许学生亲身参与，与数学对象进行互动。例如，当学生学习几何时，通过亲手制作几何模型，可以直观地感受到形状、大小和空间关系等概念。这样的学习方式使学生能够更加深入地理解几何的本质，而不仅仅停留在表面的公式和计算。操作类作业的直观性使其成为一种强大的学习工具。它通过让学生动手操作，将抽象的数学概念具象化，促进学生深入理解和掌握知识。

（二）优点

1. 增强理解

通过动手实践的操作类作业，学生能够更加深入地理解数学概念和原理。抽象的数学概念往往难以通过纸面上的学习完全掌握，而通过实际操作，学生可以将这些概念具象化，亲身体验并观察数学规律的变化和结果。这样的学习方式不仅能够加深学生的理解，还有助于他们形成扎实的数学基础，更好地应用数学知识。

2. 培养技能

操作类作业有助于培养学生的多种重要技能，包括观察、实验和推理等。在进行操作类作业时，学生需要仔细观察问题、现象或模型，捕捉关键信息。他们还需要进行实验操作，以验证自己的假设，并根据实验结果进行推理和得出结论。这一系列过程能够锻炼学生的观察能力、实验设计能力和逻辑推理能力，为他们日后的学习和解决问题提供有力支持。

3. 连接理论与实际

操作类作业的任务和活动设计通常以真实情境为基础，这有助于学生将数学知识与现实生活相联系。通过将数学问题置身于实际情境中，学生可以更好地理解数学的实际应用价值，并学会运用数学知识解决现实问题。这种连接理论与实际的特点有助于激发学生对数学的兴趣，培养他们的问题解决能力和应用意识，为其将来的学习和职业生涯打下坚实的基础。

（三）设计策略

1. 明确目标

在设计操作类作业时，明确教学目标是至关重要的第一步。教师需要清晰地确定希望通过这类作业让学生掌握哪些数学概念、技能，明确目标后，可以有针对性地设计任务和活动，确保作业内容与教学目标紧密契合。这样不仅能够帮助学生有目的地学习，也便于教师对作业效果进行评估。

2. 任务适中

为了让学生在操作类作业中既能挑战自己，又能体验到成功的乐趣，任务的难易程度需要适中。过于简单的任务可能让学生感到无趣，而过于复杂的任务则可能导致学生产生挫败感。教师需要根据学生的实际情况，结合教学目标，设计难度适中的任务，确保学生在完成任务的过程中能够适当发挥自己的能力，并获得相应的成就感。

3. 提供资源

学生在进行操作类作业时，可能需要特定的材料、工具或指导。为了确保学生能够顺利进行操作，教师应提前考虑并准备好这些资源。例如，如果作业涉及制作几何模型，教师可以提供模型材料或告知学生如何获取这些材料，必要的指导和说明也能帮助学生理解任务要求，更好地进行操作。

4. 鼓励合作

小组合作的形式在操作类作业中具有较高的价值。一些较为复杂的任务可能需要多人共同完成，这样可以培养学生的团队协作能力。小组合作还能够促进学生之间的交流和讨论，有助于其碰撞出更多的思维火花和创新点子。教师可以根据学生的特点和任务需求，选择合适的小组合作形式设计操作类作业，并确保每个小组内的成员能够互补、协作。

5. 设置反馈与评价

及时、有效的反馈和评价是操作类作业设计中不可或缺的一环。学生在完成作业后，渴望知道自己的表现如何，哪些地方做得好，哪些地方需要改进。教师应设计有效的反馈和评价机制，及时给予学生指导和建议。这不仅能够帮助学生了解自己的学习进度，还为他们提供了改进的方向和动力。反馈和评价应以鼓励为主，同时指出不足，助力学生持续进步。

（四）案例与分析

【作业名称】

图形的变换探险。

【适用年级】

小学五年级。

【作业目标】

1. 让学生了解图形的基本变换方式，如平移、旋转和翻转。

2. 培养学生的空间思维能力和动手能力。

3. 通过实际操作，让学生体验图形变换的乐趣。

【作业内容】

第一步：准备材料

为了确保图形变换的实践顺利进行，学生需要准备以下材料：①彩色纸，准备多种颜色的纸张，使图形制作更有趣。②剪刀，用于剪下所需的图形。③胶水，固定图形或组合多个图形时使用。④尺子，确保绘制的图形尺寸准确，也可以作为平移的参考工具。⑤笔，用于绘制图形、标记和记录观察结果。

第二步：初识变换

首先，在彩色纸上剪下一个正方形和一个等边三角形。这一步让学生开始接触基础的图形。正方形和等边三角形都是简单的几何图形，它们的边和角都有固定的规律，适合进行后续的变换操作。

其次，尝试将这两个图形进行平移，观察它们移动前后的位置关系。平移是图形变换中的基本操作，通过这一操作，学生可以直观地感受到图形移动后与原始位置的相对关系，加深对“位置”这一概念的理解。

第三步：旋转探险

首先，将正方形和三角形分别旋转90°、180°和270°，观察它们旋转后的样子，并记录下来。旋转操作可以帮助学生理解角度的概念。通过将图形旋转不同的度数，学生可以直观地看到图形是如何变化的，并学会通过旋转来寻找图形的对称性。

其次，思考旋转多少度后，图形会与原来的形状重合。这一问题引导学生思考图形的周期性和对称性，加深他们对图形性质的理解。

第四步：翻转体验

首先，尝试将正方形和三角形进行水平翻转和垂直翻转，观察翻转后的图形与原图的关系。翻转是另一种图形变换方式。通过水平和垂直翻转，学生可以观察到图形与原图的关系，并理解翻转的性质。

其次，用胶水将翻转后的图形与原图拼在一起，看看会有什么新的发现。这一步鼓励学生进行探索，通过组合原图和翻转后的图形，他们可能会创造出新的图形或图案，进一步激发他们对图形变换的兴趣。

第五步：创意挑战

利用所学到的图形变换方式，设计并制作一份创意作品。这一步是对学生所学知识的综合运用，他们需要结合平移、旋转和翻转等多种变换方式来创作。这样的挑战可以培养学生的创新思维和实践能力，也可以鼓励他们展现个性和独特性。

【作业提交】

第一，拍摄或扫描自己的创意作品。学生需要将自己的创意作品进行拍摄或扫描，以数字化的形式保存下来。这一步骤确保了作品能够被清晰、准确地记录下来，方便后续的展示和评价。通过拍摄或扫描，学生也能够更加方便地与他人分享自己的作品，从而获得更多的反馈和建议。

第二，写一段简短的文字，描述自己在完成作业过程中的体验和收获。这部分文字描述的是学生对自己完成作业过程的反思和总结。学生需要简要描述自己在作业过程中的体验，例如，在进行操作时的感受、遇到的问题以及如何解决这些问题等。同时，学生还需要谈到自己的收获，包括通过作业学到了哪些知识、技能，以及自己在这个过程中的成长和进步等。

第三，将作品和文字一并提交给老师。学生需要将拍摄或扫描的作品和简短的文字说明一起提交给老师。这样，老师可以全面了解学生在完成作业过程中的表现和成果，并据此进行评价和反馈。同时，提交作品和文字说明也是学生完成作业的必要步骤，他们需要确保所有内容都按时提交，以便老师进行评价。

这一作业提交过程不仅能够锻炼学生的实践能力和创新思维，还能够培养他们的文字表达能力和自我反思能力。通过拍摄作品和书写体验收获，学生能够更加深入地思考自己在操作过程中的所得，并将这些经验与老师和同学分享，进一步促进学习和交流。

【评价方式】

（1）对图形变换的基本理解和应用

评价内容：学生在作业中是否准确理解并应用了图形变换的基本概念，如平移、旋转和翻转。学生是否能够正确执行这些变换操作，并理解这些操作对图形的影响。

评价依据：学生的操作过程、作品的准确性以及学生解释其变换过程的清晰程度。

（2）创意作品中展现的变换多样性和创意性

评价内容：学生在创意作品中是否展现了多种图形变换的应用，以及作品的整体创意水平。学生是否仅仅满足于基础操作，还是深入探索了多种组合和变换可能性。

评价依据：作品的复杂性、变换的种类和次数、组合的创新性等。例如，一个学生可能将一个图形多次旋转并与其他图形组合，形成复杂的图案，展现出较高的创造性。

（3）文字描述中的反思和体验分享

评价内容：学生对自己在作业过程中的体验进行的反思和分享。学生是否能够清晰表达自己的体验和感受，并反思自己的所得与不足。

评价依据：学生是否真实描述了自己的体验，是否对过程中的问题进行了思考，并是否有对未来的学习提出建议和期望。深入的反思和诚恳的分享都能够体现出学生对学习的重视和热情。

总的来说，这份操作类作业旨在让学生通过动手实践，深入体验图形的变换，并与实际生活相联系，培养他们的空间思维和动手能力。希望学生在完成作业的过程中，不仅学到知识，更能体验到学习数学的乐趣。

三、研学旅行类作业

研学旅行类作业是一种独特的教育模式，它将传统的学习与旅行活动融为一体。在这种模式下，学生不再局限于教室内的学习，而是走出校门，参与实地的学习和探索。对于小学数学而言，研学旅行类作业意味着利用旅行的方式，将数学知识与实际应用场景相联系，加深学生的理解和体验。

（一）特点

1. 体验性强

研学旅行类作业具有强烈的体验感。通过亲身参与实地活动，学生能够深入体验数学在现实生活中的应用。他们可以通过观察、操作和实践活动，直接感受数学的规律和美妙之处。这种体验式学习能让学生更加投入，并加深对数学知识的理解和记忆。同时，实地观察和体验也有助于激发学生的学习兴趣，增强他们的学习动力，使数学学习变得更加有趣和有意义。

2. 情境化学习

情境化学习是研学旅行类作业的另一个突出特点。在实地参观的过程中，学生可以将数学知识与具体情境相结合，深化对数学概念和原理的认知。比如，通过参观科学馆中的数学展览，学生可以亲身感受到数学在科学研究中的应用；参观历史博物馆，他们可以了解到古代数学家们的贡献和思维方式。这种情境化学习方式能够帮助学生将抽象的数学知识与真实世界联系起来，促进他们对知识的融会贯通。

3. 跨学科性

研学旅行类作业往往涉及多个学科领域，使学生有机会进行跨学科的学习和思考。在旅行中，学生不仅可以运用数学知识解决实际问题，还能接触到工程、设计、历史、艺术等其他学科的知识。这样的跨学科学习有助于培养学生综合思考的能力，激发他们的创造力和探索精神。通过跨学科的探究，学生可以发现不同学科之间的联系和共通之处，形成更加全面和深入的学习体验。

4. 培养综合素质

研学旅行类作业在培养学生综合素质方面具有独特优势。在旅行过程中，学生需要自己发现数学问题、理解数学现象，从而提升他们的观察能力和洞察力。此外，通过实践活动，学生可以锻炼自己的动手能力和解决问题的能力，培养实践和创新的能力。同时，研学旅行通常要求进行团队协作，学生在与同伴一起完成任务的过程中，可以培养自己的沟通能力、团队合作精神和领导能力。

（二）优势

1. 增强学习兴趣

通过研学旅行的实地学习和探索，学生能够与数学知识有更亲密的接触。这样的方式让学生不再局限于传统的课堂教学，激发了他们对学习的兴趣和好奇心。当学生能够亲身参与、实际操作时，他们的学习动力会被点燃，更愿意主动探索和发现数学中的奥秘。

2. 加深知识理解

研学旅行为学生提供了将数学知识应用于真实情境的机会。通过实地应用，学生可以将抽象的数学概念与具体的问题结合起来，这样更有助于他们深入理解和掌握数学知识。实践是检验真理的唯一标准，通过研学旅行，学生可以在实践中验证自己所学的知识，加深对数学的理解。

3. 拓宽视野

研学旅行让学生有机会接触到课堂以外的知识和应用。在旅行中，学生可以见识到数学在各个领域中的广泛应用，以及与数学相关的历史、文化背景等。这样的体验能够拓宽学生的视野，让他们意识到数学不仅仅是一门学科，更是一种普适性的工具和语言。这种视野的拓宽有助于学生形成更全面的认知，增强他们跨学科思考的能力。

4. 培养实践能力

研学旅行注重学生的动手实践。在旅行过程中，学生需要参与各种实践活动，如实验、测量、建模等。这些活动要求学生运用所学的数学知识解决实际问题，从而培养他们的实践能力和问题解决能力。实践是最好的老师，通过动手实践，学生可以巩固所学的知识，提高操作技能，为将来的学习和生活打下坚实的基础。

（三）设计策略

1. 明确目标

在制订研学旅行计划之初，明确学习目标是首要任务。教师需要仔细思考并明确学生在此次旅行中需要掌握的数学知识点、技能以及希望培养的学习态度和能力。为了确保目标的实现，教师可以与同事们进行深入的讨论和合作，共同商定学习目标的细节，并确保这些目标与课程标准的教学目标相一致。一个清晰、明确的学习目标不仅可以为学生提供明确的学习方向，还能帮助教师在行程中制订相应的教学策略和活动设计。

2. 选择合适的场所

选择与学习目标相匹配的场所是研学旅行成功的关键。教师需要进行充分的研究和调查，了解各个场所的特点、展品和活动，确保它们与学习目标紧密相关。例如，如果学习目标是理解几何图形和空间观念，那么选择参观科学馆中的数学展览区或建筑博物馆将是非常合适的。通过身临其境的方式，学生可以亲身感受数学在现实生活中的应用，并与所学知识产生深刻共鸣。

3. 制订任务与活动

为了使学生在旅行中获得丰富的学习经验，教师需要设计一系列富有创意和挑战性的任务与活动。这些任务可以包括观察、记录、分析、推理等步骤，引导学生主动与场所互动，并运用数学知识解决问题。活动的设计应注重团队合作和自主学习，鼓励学生相互交流与协作。例如，在参观博物馆时，教师可以安排学生分组进行数学问题的解密活动，通过观察和测量展品，运用数学知识找到答案。这样的活动不仅能够培养学生解决问题的能力，还能提升他们的团队合作和沟通能力。

4. 准备资源

为了确保研学旅行的顺利进行，教师必须提前准备充足的学习资源。这包括为学生准备详尽的指导手册，提供清晰的学习指导和操作步骤；准备必要的工具，如计算器、测量仪器等，以便学生在实践中进行数学运算和测量活动；另外，教师还可以为学生准备其他辅助材料，如学习卡片、视频教程等，以提供多样化的学习资源和学习方式。这些资源的准备将为学生提供良好的学习支持，使他们在旅行中更加顺利地进行学习和实践。

5. 确保安全

学生的安全是研学旅行中最重要的事项之一。在规划研学旅行时，教师必须充分考虑各种安全风险，并制订相应的安全措施和预案。这包括提前了解旅行场所的安全规定和注意事项，并向学生传达相关的安全信息；合理安排学生的行程和活动，确保他们在旅行中有序、安全地展开实践；此外，教师还要与学生家长保持密切沟通，告知他们旅行的安排和安全措施，以便家长放心并支持学生的学习旅行。

6. 实施总结与反馈

在研学旅行结束后，一个全面而有效的总结和反馈机制对于巩固学生的学习成果至关重要。教师可以组织学生进行集体讨论，让他们分享在旅行中的学习经验和收获；同时，教师还可以要求学生提交学习报告或项目作品，以评估他们在旅行中的学习成果。通过总结和反馈，学生可以及时巩固所学知识，并发现自己的不足之处，为今后的学习做好准备。教师也可以根据学生的表现和反馈，对研学旅行的设计进行反思和改进，以提升教学效果，丰富学生的学习体验。研学旅行类作业为学生提供了一个全新的学习模式，使他们在轻松愉快的旅行中也能深入学习和体验数学知识，真正实现玩中学、学中玩的教育理念。

（四）案例与分析

【作业名称】

数学探险家——探寻几何之秘。

【适用年级】

小学六年级。

【作业目标】

1. 深化学生对几何图形和空间观念的理解。

2. 培养学生的观察、测量和推理能力。

3. 激发学生对数学的兴趣，并使其体会数学在现实生活中的应用。

【旅行场所】

本地著名的建筑或建筑博物馆（如拥有独特建筑风格或几何设计的建筑）。

【活动设计】

第一步：前期准备

在研学旅行开始之前，教师将进行充分的准备工作。首先，他们会为学生发放指导手册，这本手册将作为学生在旅行中的学习指南。手册中包括对此次旅行中涉及的几何知识点的解释和介绍，以便学生能够提前了解并复习相关知识。此外，手册还详细描述了旅行中的任务和活动，使学生能够清楚地知道在旅行中需要完成的学习目标。通过这一环节，教师可以确保学生在旅行前对所要学习的内容有一定的了解和准备，为后续的实地学习打下基础。

第二步：现场观察与测量

到达目的地后，学生将分组进行实地观察和测量活动。这一环节旨在培养学生的观察力和实践能力。学生将选择某个具有独特几何设计的建筑作为观察对象，观察建筑的形状、特点，预测建筑的不同维度，并记录下数据。这样的实践活动使学生能够亲身参与，亲手操作，加深对几何概念的理解，并体会到数学在现实生活中的应用。

第三步：几何图形绘制

在观察和测量之后，学生将根据所得数据在指导手册上绘制建筑的简化版几何图形。这一步骤可以帮助学生进一步理解几何图形的构成和特性。学生可以运用直线、角度、简单的多边形等几何元素来绘制建筑的简化版图形，这样不仅可以锻炼他们的绘画技巧，还能加深他们对几何图形的基本要素的认知。通过绘制几何图形，学生能够将数学的概念与实际应用结合起来，提升学习效果。

第四步：数学问题挑战

为了检验学生对所学知识的理解和应用能力，教师将为学生设计一系列与所观察建筑相关的数学问题。这些问题可以包括描述建筑的形状、找出建筑中的直角数量等。学生需要结合现场观察和测量的数据，运用所学的数学知识进行思考和解答。这一环节旨在培养学生的问题解决能力和数学思维能力，让他们能够运用数学知识解决实际问题，体验到数学学习的乐趣和成就感。

第五步：总结与分享

旅行结束后，学生将对他们的学习成果进行总结和分享。他们需要提交观察数据、绘制的几何图形以及数学问题的答案，并在课堂上与同学分享自己的体验和收获。这一环节为学生提供了一个展示学习成果和交流学习的机会，使学生能够互相学习、互相启发、共同进步。同时，通过分享和讨论，学生还能够巩固所学知识，提升自己的口头表达和沟通能力。

【评估与反馈】

在研学旅行结束后，教师将对学生的学习成果进行全面的评估。评估的依据主要包括学生的观察记录、绘制的几何图形以及数学问题的答案。通过仔细分析这些学习成果，教师可以了解学生在研学旅行中的学习态度、合作精神和数学知识的应用能力。

首先，教师要评估学生的学习态度。他们需要观察学生在活动中的参与程度、注意力集中情况以及对任务的认真负责程度。积极的学习态度是学生取得良好学习效果的关键，因此教师要重视这方面的评估。通过观察学生在旅行中的表现，教师可以发现学生的学习兴趣和学习动力，并给予鼓励和建议，以进一步激发学生的学习热情。

其次，教师要评估学生的合作精神。在研学旅行中，学生需要分组进行观察和测量活动，并共同完成数学问题的解答。教师需要观察学生在小组合作中的表现，包括分工合作、沟通交流、互助支持等方面。良好的合作精神是学生综合素质的重要体现，也是他们未来学习和工作中不可或缺的能力。教师要根据学生的合作表现，给予肯定和建议，以帮助他们更好地发挥团队协作的优势。

最后，教师要评估学生的数学知识应用能力。通过分析学生绘制的几何图形和数学问题的答案，教师可以了解学生对所学几何知识的理解和应用水平。教师需要关注学生的观察力、测量技巧、问题解决能力等方面的表现，并给予针对性的反馈和指导。对于学生在数学知识应用上的不足之处，教师要提供补充学习和练习的建议，以帮助学生巩固所学知识并提升应用能力。

综上可见，研学旅行类作业是一种将学习与旅行相结合的实践性作业形式。在小学数学课外实践中，教师可以组织学生参观与数学相关的场所，如科学馆、博物馆等，让学生在实地观察和体验中感受数学的魅力。通过研学旅行，学生可以将课堂所学的数学知识与现实生活中的应用场景相结合，加深对数学知识的理解和认知。同时，研学旅行也能拓宽学生的视野，培养他们的观察力和实践能力，提升他们的综合素质。

四、数学日记或数学项目报告

数学日记或数学项目报告是一种学生自主进行的、以数学为主题的深入研究并记录学习过程和成果的课外实践作业形式。它既可以作为日常学习的补充，也可以作为一个探究某个数学专题的长期项目。

（一）特点

1. 自主性

学生在完成数学日记或数学项目报告中，可以真正地实现自主学习。这种自主性不仅体现在学生可以选择自己感兴趣的主题进行研究，还体现在他们可以自己决定研究的方向和深度。学生可以根据自己的实际情况，合理安排学习的时间和地点，灵活调整学习计划。这种学习方式有助于培养学生的自主学习能力，提升他们的学习责任感和成就感。通过自主选择主题，学生可以在自己热爱的领域中探索数学的应用，将数学与其他学科、实际生活相结合，开阔视野，增强学习的趣味性和实用性。

2. 深入性

在日常课堂中，学生往往只能对数学概念和方法进行初步的了解和练习，但数学日记或数学项目报告为学生提供了深入研究的机会。学生可以针对某一具体主题，进行详尽的探索和研究，挖掘数学知识背后的本质和内涵。他们可以运用所学知识解决实际问题，发现数学在其他领域中的应用，甚至可以尝试提出新的数学问题或猜想，并进行证明或验证。这样的深入性研究有助于学生对数学知识有更全面、深入的理解，有助于培养学生的数学思维和创新能力。

3. 反思与总结

数学日记或项目报告要求学生进行持续的学习反思和总结，这有助于他们巩固学习成果，并将学习经验转化为能力。在反思过程中，学生可以回顾自己的学习过程、方法和成果，发现自己的不足和问题，进而找到改进的方向。同时，通过总结学习经验和教训，学生可以形成自己的学习方法和策略，为将来的学习做好准备。此外，反思和总结还有助于学生培养批判性思维和自我评估能力，提高学习的自主性和独立性。

（二）优点

1. 培养自主学习能力

通过自主选择并深入研究数学主题，学生能够逐渐培养出自主学习的习惯和能力。他们能够学会根据自己的节奏和兴趣进行学习，摆脱对教师和教材的过度依赖。自主学习能力是学生终身学习的基石，它使他们能够不断适应快速变化的知识环境，持续学习和成长。这种能力还有助于学生发挥个人的学习潜能，根据自己的目标和意愿，主动规划并实施学习计划，从而提高学习效果。

2. 增强独立思考能力

数学日记或数学项目报告要求学生深入研究某一主题，并独立思考、解决问题。在这样的过程中，学生不仅能够应用所学的数学知识，还能够培养独立思考的能力。他们能够学会独立地分析问题、提出假设、寻找解决方案，并不断验证和完善自己的思考。独立思考能力是学生未来生活和工作中不可或缺的能力，它有助于他们面对挑战时，能够自主分析并做出明智的决策。

3. 提升反思与总结能力

通过整理和记录学习过程，学生可以及时反思自己的学习行为和思维方式，从中总结经验教训，为未来的学习提供宝贵的参考。反思与总结有助于学生发现自己的不足，并找到改进的方法，促使自己不断进步。同时，反思与总结还有助于学生深化对学习内容的理解，将零散的知识经验整合为系统的认知结构，提高学习的效果和质量。这种能力还有助于培养学生的元认知能力，即对自己学习过程的认知和监控能力，进而提升他们的整体学习水平。

（三）设计策略

1. 明确目标与要求

为了确保数学日记或项目报告的有效实施，教师在布置任务时应明确研究的目标和要求。这意味着教师需要清晰地界定研究的主题范围，让学生明确自己要探究的问题。同时，教师还应明确研究的深度，引导学生适度挑战自己，避免过于肤浅或过于深奥的研究。此外，期望的成果形式也应明确，以便学生有针对性地进行学习和准备。

2. 提供资源与建议

为了支持学生的深入研究，教师可以为其提供一些有价值的学习资源，如相关书籍、研究论文、在线课程等。这些资源可以帮助学生扩展知识面，加深对研究主题的理解。同时，教师还可以给出一些研究建议，如研究方法、技巧、注意事项等，帮助学生更高效地进行研究。

3. 安排中期检查与反馈

在研究过程中，教师可以安排中期检查，以监督学生的研究进展。

这有助于教师及时发现学生在研究过程中遇到的问题和困难，并给予及时的反馈和建议。通过中期检查，教师可以确保学生保持在正确的研究轨道上，防止偏离主题或浪费时间。同时，学生也可以从教师的反馈中获得宝贵的建议和指导，进一步提高研究质量。

4. 鼓励交流与合作

交流与合作是研究过程中不可或缺的一部分。教师应鼓励学生之间开展交流与合作，让他们分享彼此的经验、思路和成果。这种交流与合作可以激发学生的思维火花，帮助他们从不同的角度审视问题，提高研究的全面性和准确性。同时，学生之间的合作还有助于培养他们的团队合作精神和沟通技巧。

5. 采用多样化的成果展示

为了充分展示学生的研究成果，教师可以允许学生采用多样化的成果展示方式。除了传统的书面报告外，学生还可以通过课件演示、视频制作、海报展示等方式来呈现自己的研究。这样的多样化展示方式可以充分发挥学生的创造力和表达能力，同时也有助于提高他们的自信心和公众演讲能力。

6. 实施评价与激励

对学生的数学日记或项目报告进行客观、认真的评价是至关重要的。教师应根据学生的研究成果、展示方式、学习态度等方面进行综合评估，并给予相应的反馈。对于优秀成果，教师应给予公开表扬和奖励，以激发学生的研究热情和学习动力。这种正面激励可以鼓励学生继续努力，不断追求卓越的研究成果。

（四）数学日记案例与分析

【主题】

测量与几何图形的探索之旅。

【日期】

2023年8月15日。

【日记内容】

今天是充满探索与发现的一天！我利用课外时间，全身心地投入一次数学实践活动中，通过亲手操作，感受到了数学的魅力和乐趣。

早上，我早早地起床，迫不及待地拿起测量工具，犹如一个小小的探险家，充满好奇心地开始探索家里各种物品的尺寸。我用卷尺量了桌子的长度、宽度和高度，又用直尺量了书本、铅笔盒的边长，还尝试用量角器来测量角度。在测量的过程中，我不仅仅运用了课堂上学到的单位换算知识，比如将厘米转换成米、将英寸转换成厘米，还通过实际操作，更加深入地理解了测量的概念和技巧。

下午，我打开了数学课本，翻到了几何图形的内容。几何图形一直是我很感兴趣的部分，于是我决定亲手画一画这些图形。我拿出纸和笔，开始尝试画各种不同的图形，如正方形、长方形、三角形、圆形等。我仔细观察这些图形的边长、角度和面积，尝试用公式来计算它们的周长和面积。通过比较不同图形的特点和性质，我更加深入地理解了几何图形的基本要素。

在探索过程中，我遇到了一些困难和挑战，比如在计算复杂图形的面积和角度时感到困惑。但是，我并没有放弃，而是积极寻找解决问题的方法。我参考了课本上的例题，查找了网上的教程，还请教了妈妈。最终，我克服了困难，找到了解决问题的正确方法。这种坚持和努力的过程也让我更加明白了数学不仅仅是解题和考试，更是一种思维和解决问题的能力。

通过这次数学实践活动，我深深地感受到数学在生活中的广泛应用及其重要性。无论是测量物品尺寸还是计算图形面积，数学都能够帮助我们更准确地理解和描述世界。我也意识到，只有通过实际操作和探索，才能真正理解和应用数学知识。这种学习方式不仅让我掌握了知识，更让我享受到了学习的过程和乐趣。

明天，我计划继续我的数学探索之旅。我将进一步挑战自己，探索更高深的数学领域，比如概率、统计和图形变换等。我相信，只要保持好奇心和求知欲，持续努力和学习，我一定能够掌握更多的数学知识，运用它们解决更多的实际问题，继续在数学的世界中探索和发现！

五、小学数学课外实践游戏作业

小学数学课外实践游戏作业是指基于数学知识点，结合游戏元素和实践操作，设计出的适合小学生在课外进行的数学活动。这种作业形式将数学与游戏、实践相结合，旨在激发学生的学习兴趣，提高学生的数学应用能力和问题解决能力。

（一）特点

1. 游戏化

游戏化是小学数学课外实践游戏作业的核心特点之一。它借鉴了游戏的设计理念和元素，将学习过程转化为一种游戏化体验。这类作业通过引入积分、关卡、挑战等游戏元素，激发学生的学习兴趣和动力，使其更主动地参与数学学习。在这种游戏化的学习过程中，学生可以设定明确的目标，并通过不断挑战和努力，获得积分和奖励。这种渐进式的游戏机制，让学生能够在轻松愉快的氛围中，逐渐掌握数学知识，增强自信心和成就感。

2. 趣味性

趣味性是小学数学课外实践游戏作业的显著特点之一。相比传统的数学作业，游戏化的作业更加生动有趣，容易引起学生的兴趣和注意。这类作业通过富有创意的游戏任务、可爱的角色设计、丰富多彩的游戏画面等元素，让学生在愉悦的氛围中学习和探索。趣味性的特点还体现在作业的多样性上。游戏化的数学作业可以包含各种不同类型的游戏，如益智类、动作类、冒险类等。这些不同类型的游戏，能够满足不同学生的兴趣需求，让学生在游戏中找到乐趣，从而更加喜欢数学学习。

3. 情景体验性

情景体验性是小学数学课外实践游戏作业的另一个重要特点。这类作业通常会将数学知识融入具体的情景中，让学生在模拟的现实生活中运用数学知识解决问题。通过情景体验，学生能够更好地理解和应用数学知识，提高数学的实际运用能力。例如，在购物游戏中，学生需要运用加减法计算商品的价格和找零；在时间管理游戏中，学生需要运用时钟和时间的知识来规划时间。这些情景体验不仅能够让学生在游戏中掌握数学知识，还能够培养他们解决问题的能力和数学思维方式。

（二）优点

1. 平衡学习与娱乐

小学数学课外实践游戏类作业巧妙地融合了学习与娱乐的元素。通过运用游戏化的设计手法，这些作业变得富有趣味性和吸引力。学生在参与游戏的过程中，不仅能够感受到游戏的乐趣，同时也能够学习数学知识，实现寓教于乐的效果。这样的平衡设计使学生能够在轻松愉快的氛围中学习，减轻学习压力，增强学习的可持续性。

2. 增强学生的学习动力

游戏类作业通过设立奖励机制和挑战性的任务，激发学生的学习动力。学生们往往热衷于追求高分、解锁新关卡和获取奖励，这种积极的动力心态促使他们更加主动地投入到学习中。同时，游戏中的进步和成就也能够让学生感受到自己的成长和进步，进一步激发他们的学习自信心和兴趣。

3. 适应不同学习风格

游戏类作业的多样性和灵活性使其能够适应不同学生的学习风格。对于视觉型学生，游戏作业可以提供色彩鲜艳、图像丰富的视觉元素，帮助他们通过视觉感知更好地理解和记忆数学知识；对于听觉型学生，游戏作业可以添加生动的音效和语音解说，让他们通过听觉途径接收和理解知识。这种多感官的游戏设计满足了学生的不同需求，提高了其学习效果。

4. 延伸课堂教学

游戏类作业作为课堂教学的延伸，能够提供一个更加具有实践性和互动性的学习环境。这些作业通常涵盖课堂所学的核心概念和技能。通过游戏的形式进行巩固和应用，学生可以在游戏中解决数学问题、应用数学原理，从而加深对课堂知识的理解和掌握。此外，游戏类作业还能提供额外的挑战和拓展，引导学生探索更广泛的数学领域，激发他们的求知欲。

5. 增进亲子关系

游戏类作业为家长和孩子提供了互动和合作的机会。家长可以与孩子一起参与游戏，了解孩子的学习状况和需求，积极给予指导和鼓励。这种亲子互动的过程不仅能够增进亲子关系，还能够促进家庭学习的氛围形成。同时，家长也可以通过游戏类作业与孩子分享自己的学习经验和知识，激发孩子的学习兴趣和探索精神。

（三）设计策略

1. 以学生为中心

在设计游戏作业时，真正将学生置于核心位置是至关重要的。为了实现这一点，首先需要深入了解学生的喜好、兴趣和学习需求。只有使学生能在游戏中找到与自己息息相关的内容，才能引发他们的情感共鸣，激发其学习热情。例如，可以根据学生们喜欢的动画、故事等元素来设计游戏背景和角色，让他们在游戏探索中感受到亲切与乐趣。其次，需要认识到每个学生都是独特的，为他们提供多种难度选项、不同的学习路径，确保每位学生都能在游戏中找到适合自己的位置，实现真正的个性化学习。

2. 跨学科整合

数学并不是孤立存在的，它可以与各个领域产生美妙的交融。在设计游戏作业时，可以尝试将数学知识与科学、历史、艺术等其他学科领域结合，让学生在游戏中体会到数学在其他学科中的应用。例如，设计一个涉及比例和测量的建筑游戏，让学生既巩固数学知识，又了解建筑学的基本概念。此外，还可以结合STEAM教育理念，鼓励学生动手实践，运用数学知识解决实际问题，如设计机器人运动轨迹、编程控制动画等，从而培养他们的跨学科思维和解决问题的能力。

3. 创设开放式任务

为了培养学生的创新思维和问题解决能力，设计开放式的游戏作业至关重要。这意味着任务不应该有固定的答案或方法，而应该鼓励学生自由发挥、探索多种可能性。例如，设计一个数学拼图游戏，让学生自行设计拼图规则和解法，并分享给其他同学。此外，游戏的非线性结构设计也为学生提供了更大的探索空间，他们可以根据自己的兴趣和能力选择合适的路径，不必被束缚在单一的学习进程中。

4. 技术助力教学

现代教育技术的飞速发展为游戏作业的设计提供了无限可能。利用教育游戏平台，学生可以体验到互动性更强、内容更丰富的游戏化学习。同时，结合AI技术的智能反馈系统，可以为每位学生提供更精准的学习建议和方向，帮助他们更有效地掌握知识。例如，设计一个自适应的游戏教学系统，根据学生的表现实时调整游戏难度和内容，确保他们始终处于最佳的学习状态。

5. 社区化学习体验

学习的过程并不孤单，与他人交流、合作能够激发学生的学习动力。因此，游戏作业的设计可以包含团队合作任务，鼓励学生互相交流、共同成长。同时，为学生提供一个分享成果、交流经验的平台也至关重要。例如，在游戏社区中，学生们可以展示自己的高分记录、分享自己独特的解题方法，从而形成一个互相激励、共同进步的学习氛围。这也为学生们建立了一个宝贵的社交网络，让学习变得更加有趣和充实。

（四）案例与分析

【作业名称】

数学宝藏岛探险。

【适用年级】

小学四年级。

【作业目标】

1. 巩固学生对加减乘除基本运算的理解与掌握。

2. 训练学生的逻辑思维和问题解决能力。

3. 培养学生的团队合作精神。

【游戏背景】

数学宝藏岛是一个神秘的岛屿，传说中岛上藏着许多珍贵的数学宝藏。学生们需要运用数学知识，解开谜题，找到宝藏。

【游戏任务】

任务一：船只调度

在“船只调度”任务中，学生们被分为若干小组，每个小组都要共同控制一艘虚拟的船。这个环节不仅能够锻炼学生们的团队协作能力，还能够让他们学会如何策略性地分配资源。

第一，数学题目与风力资源。小组需要解决一系列的数学题目，每解决一个题目，就会获得相应的风力资源。这些风力资源决定着船只的前进速度和方向。

第二，题目难度与风力资源的关系。为了增加挑战性和策略性，题目难度与获得的风力资源直接相关。简单的题目可能只提供少量的风力资源，而复杂的题目则可能提供大量的风力资源。学生们需要根据自己的能力和目标，有策略地选择题目。

第三，实时调整。随着游戏的进行，小组需要根据风力和其他小组的动向，实时调整自己船只的行进路线，确保自己小组能够最先到达宝藏岛。

任务二：谜题解锁

在宝藏岛上，学生们会遇到多个数学谜题。这些谜题不仅仅是简单的数学运算，还可能需要学生们利用逻辑思维、推理技巧来解答。

第一，合作解题。小组成员需要共同讨论、研究每一个谜题，利用各自的优势，快速找到答案。这样不仅能锻炼学生们的数学思维能力，还能培养他们的团队协作能力。

第二，谜题与宝藏线索。每解开一个谜题，小组都会获得一个宝藏的线索。这些线索会指引他们找到最终的藏宝地点。

任务三：宝藏抢夺

根据之前解谜获得的线索，小组需要在限定时间内找到藏宝地点。这是一个既考验速度又考验策略的环节。

第一，时间限制。设置时间限制以增加游戏的紧张感，学生们需要迅速做出决策，确保自己能在规定时间内找到宝藏。

第二，最后的数学挑战。找到藏宝地点并不意味着完成任务，小组还需要解答一个最后的数学挑战，才能真正获得宝藏。这是对学生运用数学知识的能力的一次终极考验，只有答对题目的小组才能获得最后的胜利。

通过以上的任务设计，学生们不仅能在游戏中巩固数学知识，还能锻炼团队协作、策略制订和问题解决能力。

【游戏元素】

一是风力资源：代表前进的动力，通过解答数学题获得。

二是谜题卡片：包含数学题目和宝藏线索。

三是宝藏：最终的奖励，可以是书籍、文具等学习用品。

【评价方式】

（1）团队合作

参与度与积极性：观察每个学生在团队合作中的参与程度，是否积极投入、主动提出意见和建议，以及是否愿意承担团队中的责任和任务。这种评估能够帮助学生认识到自己在团队中的角色和重要性。

合作协调能力：评价学生在团队中与其他成员的协调能力，包括倾听他人意见、有效沟通、协商解决问题等。这有助于培养学生的合作精神和团队意识。

支持与互助：观察团队成员之间是否相互支持、鼓励和帮助。这种互助精神是团队合作的重要组成部分，也能够体现学生的友善和包容心态。

（2）数学题目完成情况

准确性与完整性：评价学生解答数学题目的准确性和完整性，包括计算是否准确、步骤是否完整、思路是否清晰等。这有助于学生提高解题的精确性和严谨性。

创新思维与解题方法：鼓励学生展示不同的解题思路和方法，评价他们是否能够灵活运用数学知识进行创新和探索。这种评价方式有助于培养学生的创新思维和问题解决能力。

（3）最终宝藏获得

综合应用与问题解决：评价学生在找到宝藏的过程中，是否能够综合运用之前学过的数学知识，解决复杂的问题和挑战。这体现了学生对数学知识的理解和应用水平。

决策与策略：考查学生在有限的时间内做出决策和制订策略的能力。是否能够根据线索和提示，迅速而准确地判断下一步的行动方向，体现了学生的应变能力和思维敏捷度。

【家长参与】

家长可以协助学生完成一些复杂的数学题目，并在游戏过程中给予学生鼓励和支持，增进亲子关系。同时，家长也可以通过观察学生的表现，更全面地了解学生的学习情况和需求。任务完成后，家长可以和学生一起分享游戏的体验和收获。

总而言之，小学数学课外实践游戏作业是一种能够有效激发学生学习兴趣、提高学生的数学应用能力和问题解决能力的作业形式。在设计此类作业时，教师应充分考虑学生的学习水平和需求，合理安排游戏内容和任务难度，确保学生能在轻松愉快的氛围中巩固数学知识、提升数学能力。

第二节　作业设计与落实策略

有策略地设计与落实数学课外实践性作业是提高学生数学素养和综合能力的重要途径。通过采用综合化、层次化和多样化的策略，教师可以有针对性地设计作业，满足学生的不同需求和兴趣。同时，要确保作业的有效落实，教师应注重监督与引导，鼓励学生积极参与，并及时给予反馈与评价。只有这样，数学课外实践性作业才能发挥最大作用，促进学生的全面发展。

一、作业设计策略

数学课外实践性作业的设计策略包括综合化策略、层次化策略和多样化策略。综合化策略注重课内外结合以积累活动经验，学科间融合以增强数学应用意识，校内外沟通以拓展数学学习渠道。层次化策略则根据不同学生的需求和兴趣设计基础层、提高层和拓展层作业，促进他们各自的发展。多样化策略致力于形式的多样性和内容的丰富性，以激发学生的学习兴趣和创造力，培养他们的多元智能和综合素质。

（一）综合化策略

1. 课内外结合，积累活动经验

课内外结合的方式是学生全面理解数学知识和理论的重要途径。在课堂教学中，学生能够接触到数学的基本概念、原理和解题方法。然而，仅凭课堂上的学习是远远不够的。通过课外实践性作业，学生可以将在课堂

上学到的知识真正应用到实际中。

为了使学生更好地积累活动经验，教师可以设计一些与实际生活相关的实践性作业。比如，在学习了概率和统计知识后，教师可以要求学生调查某种商品的销售情况，并运用所学知识对数据进行分析和预测。这样的作业能够帮助学生加深对概率和统计知识的理解，并培养他们的数据处理和分析能力。

此外，教师还可以鼓励学生参加数学竞赛、数学研究小组等活动，让他们在更广泛的数学领域中探索和应用所学知识。这些活动不仅可以提高学生的数学水平，还能够培养他们的团队协作和解决问题的能力。

2. 学科间融合，增强数学应用意识

数学作为一门基础学科，在与其他学科的融合中有着广阔的应用空间。通过与其他学科的融合，学生可以更加全面地了解数学的应用价值，并提升他们的数学应用意识。

教师可以引导学生探索小学数学与其他学科之间的联系，并设计一些跨学科的实践性作业。

此外，教师还可以引导学生探索数学与艺术之间的联系。例如，在学习了几何图形的知识后，教师可以让学生运用几何图形创作图案或设计艺术作品。这样的作业可以让学生发现数学的美感和创造性，培养他们的跨学科思维和审美能力。

通过这些跨学科的实践性作业，学生能够意识到数学不仅仅是一门学科，而且是一种普适性的工具，可以应用到各个领域中。这样的学习经历将激发学生的学习兴趣和积极性，促进他们全面发展。

3. 校内外沟通，拓展数学学习的渠道

学生的数学学习不仅仅局限于学校课堂，家庭和社会环境也是数学学习的重要场所。通过校内外沟通，学生可以接触到更广阔的学习资源和经验，促进全面发展。

教师可以积极与学生家长沟通，鼓励家长参与学生的数学学习过程。

家长可以在家庭中为学生创造良好的学习氛围，提供必要的学习支持。同时，教师还可以与社区合作，借助社区资源设计一些实践性作业。例如，学生可以参与社区的测量工作，运用数学知识解决实际问题。这样的作业不仅能够巩固学生的数学知识，还能培养他们的社会责任感和公民意识。

（二）层次化策略

层次化策略是数学课外实践性作业的另一个重要设计思路。学生的数学知识、能力和兴趣存在差异，因此实践性作业的设计也应体现出层次性。具体而言，可以将作业划分为基础层、提高层和拓展层三个层次。

1. 基础层作业：打稳基石，构建知识大厦

对于小学数学的基础层作业来说，其核心目标是帮助学生巩固并熟练掌握基础知识。这些基础知识是数学这座大厦的基石，只有基石稳固，后续的知识才能在此基础上顺利构建。

基础层作业通常涵盖了课本中的核心概念和基本解题方法。例如，对于刚开始接触乘法的学生，基础层作业会包括大量的乘法运算练习，学生通过反复练习，形成对乘法的直观感受，并熟练掌握乘法运算的规则和方法。

此外，基础层作业也注重对学生计算准确度和速度的训练，因为这是他们解决更复杂数学问题的基础。大量的基础练习可以帮助学生形成正确的数学思维方式和计算习惯，为他们在提高层和拓展层的学习打下坚实的基础。

2. 提高层作业：深化理解，锻炼思维

提高层的作业是在学生已经掌握了基础知识的前提下，对他们进行更深层次的数学思维训练。这部分作业旨在引导学生运用所学知识解决稍微复杂的问题，通过问题的解决过程，深化对知识的理解，锻炼数学思维能力。

例如，学生在学习了四则运算后，提高层的作业可能会设计成与现实生活紧密相连的问题情境，如“超市购物”“分配物品”等。学生需要灵

活运用加减乘除运算来解决这些问题，并对问题的解决方法进行思考和阐述。这样的作业设计不仅能让学生体验到数学在生活中的广泛应用，更能锻炼他们的逻辑思维和问题解决能力。

3. 拓展层作业：拓宽视野，探索未知

拓展层的作业是小学数学课外实践性作业中的高级部分，其目标在于引导学生拓宽数学学习的视野，鼓励他们探索数学知识的前沿和应用领域。这部分作业往往具有一定的开放性和探索性，要求学生运用所学的数学知识进行独立思考和创新探索。

例如，在学习了基础的几何图形知识后，拓展层的作业可以是鼓励学生进行几何图形创意设计的活动。学生可以自由发挥想象力，运用各种几何图形进行创作，并阐述自己的设计理念和所用到的数学知识。这样的作业不仅能让学生感受到几何图形的艺术魅力，更能激发他们对数学知识的创新应用和探索欲望。

（三）多样化策略

数学课外实践性作业的多样化策略，是当下数学教育中一种具有前瞻性的教学策略。这种策略重视作业形式和内容的多样性，意在通过不同类型的实践性作业，激发学生的学习兴趣，培养他们的多元智能和综合素质，进而促进其全面发展。

1. 形式多样化：从书面到口头，从个体到合作

在形式多样化方面，实践性作业可以包含书面报告、口头报告、小组合作、个人探究等多种形式。书面报告形式的作业可以锻炼学生的文字表达能力和逻辑思维，使他们能够通过文字整理和表达自己的数学思考过程。口头报告则可以提高学生的口头表达能力和自信心，使他们能够在公众场合流畅地表述自己的观点和理解。

小组合作形式的作业能够培养学生的团队合作精神和协作能力，让他们学会倾听他人的意见，寻求共同点，解决问题。个人探究形式的作业则可以鼓励学生独立思考，深入探究数学问题，培养他们的自主学习能力和创新精神。

（1）书面报告：除了传统的数学题目解答外，书面报告还包含数学日记、数学小论文等。例如，学生可以在数学日记中记录自己学习数学的心得、遇到的难题，以及解决它们的方法，这有助于他们反思学习过程，提升元认知能力。

（2）口头报告：学生可以进行数学主题的演讲，向同学和老师分享自己的数学研究项目或者数学趣味发现。这不仅能够锻炼他们的口头表达能力，还能够提升他们的数学交流能力。

（3）小组合作：小组作业可以让学生共同解决一个较复杂的数学问题或完成一个数学项目。例如，设计并制作一个数学游戏，每个组员都有明确的角色和任务，这既能培养他们的团队协作能力，也能加深他们对数学知识的理解。

（4）个人探究：为学生布置一些需要自主研究的课题，如数学史的研究、某个数学定理的证明等，让他们自己查找资料，整理并得出结论，从而培养他们的自主学习和独立思考能力。

2. 内容多样化：实现生活、社会、科学的全方位涵盖

在内容多样化方面，实践性作业的主题可以选择与生活实际、社会问题、科学发展等相关的内容。与生活实际相关的主题可以让学生感受到数学在生活中的广泛应用，提高他们的数学应用意识。例如，学生可以调查超市中的打折促销活动，运用所学的百分比知识计算打折后的价格，比较哪种促销方式更划算。

与社会问题相关的主题可以让学生了解到数学在社会发展和进步中的重要作用，激发他们的社会责任感和使命感。例如，学生可以运用统计知识分析某个社会问题（如环境污染、交通拥堵等）的数据，提出自己的解决方案和建议。

与科学发展相关的主题则可以让学生了解数学在科学研究领域的基础性和工具性地位，激发他们的科学探索精神。例如，学生可以了解科学家如何利用数学知识进行天文观测等，尝试运用所学的数学知识解决一些简单的科学问题。

（1）与生活实际相关：除了简单的购物打折计算外，还可以进一步让学生设计家庭预算，考虑各种支出和收入，运用比例、百分数等数学知识进行统筹规划，使他们意识到数学在日常生活的重要性。

（2）与社会问题相关：通过数据分析，学生可以研究社会现象，比如贫富分化、教育资源分布等，并提出基于数学模型的解决方案。这不仅能让他们理解数学在社会科学中的应用，也能够增强他们的社会责任感。

（3）与科学发展相关：介绍数学在科学实验和工程中的应用，如物理中的运动方程等。学生可以尝试通过数学建模来模拟这些现象，加深他们对数学在科学领域应用的认识。

总之，数学课外实践性作业的设计是一个系统而复杂的过程，需要教师综合考虑学生的特点、教学目标和社会需求等多个因素，通过综合化、层次化和多样化的策略应用，设计出更加科学、有效和有趣的数学课外实践性作业，促进学生的全面发展。

二、作业落实策略

落实数学课外实践性作业，需以明确的作业目标为导向，以科学合理的作业设计为前提，关注学生的兴趣与参与度，鼓励其独立思考与团队合作，为其提供必要资源与支持，设计合理的激励机制，加强指导监督，并与家长合作沟通，最终做好作业展示、评价与反思，全方位促进学生数学学习与实践能力的提升。

（一）以作业目标明确为导向

明确作业目标在落实小学数学课外实践性作业中的导向作用至关重要。一个清晰明确的作业目标能够为学生提供明确的完成方向，并帮助他们充分理解作业的要求和预期成果。为了更好地实现这一目标，教师需要深入思考并明确作业的核心目的。教师可以将目标划分为不同的层次，以确保每个学生都能在作业中找到适合自己的挑战。

明确的目标还能够帮助学生建立学习数学的自信心。当他们清楚地知道自己需要达到的标准时，他们可以更加专注和努力地去完成作业。这种明确性也能够帮助学生在完成作业后进行自我评估，了解自己的表现并找到提升的方向。

（二）以科学合理的作业设计为前提

科学合理的作业设计是小学数学课外实践性作业成功的关键所在。一个好的作业设计应该注重知识性与实践性的平衡结合。这意味着作业不仅要涵盖学生在课堂上所学的数学知识，还要与学生的实际生活和社会经验紧密联系。通过这样的设计，学生能够更好地将数学知识应用于实际情境中，提升他们的问题解决能力和数学思维能力。

作业设计的难度控制也是至关重要的。教师应该根据学生不同的能力和需求，设计具有层次性的作业。这样可以确保优秀学生能够获得足够的挑战，而学习困难的学生也能够在适合自己的难度水平上完成作业。同时，教师还要注重作业的多样性，避免单一形式的题目，以免学生产生厌倦情绪。

（三）关注学生的兴趣与参与度

学生兴趣和参与度直接影响着课外实践性作业的落实效果。为了激发学生的兴趣，教师应该选择与学生实际生活相关的、有趣味性的作业内容。例如，可以设计与学生喜欢的动物、运动、游戏等相关的数学题目，引发他们的好奇心和探索欲望。

除了内容的选择，教师还可以通过多样化的作业形式来提高学生的参与度。可以引入游戏化的元素，设计数学拼图、数学卡牌等互动性强的作业，让学生在游戏中学习数学知识。此外，教师还可以鼓励学生参与作业的设计过程，让他们发挥创造力，自主选择作业的主题或形式。这样能够培养学生的自主学习能力，增加作业的新颖性和吸引力。

（四）鼓励独立思考与团队合作

在课外实践性作业中，鼓励学生个人独立思考与团队合作是培养他们综合能力的关键。个人独立思考能够培养学生的自主性和创造性，而团队合作则能提升他们沟通协调和集体解决问题的能力。

对于个人独立思考方面，教师可以为学生设计一些开放性的作业任务，让他们自主探索和解决问题。例如，设计一个数学问题的多种解法，并让学生自己选择其中一种进行解答。这样的作业任务能够激发学生的思考兴趣，促使他们从不同角度思考问题，并寻找到独特的解决方案。

而在团队合作方面，教师可以安排一些较复杂、需要多人协作才能完成的作业任务。这样的任务要求学生进行分组合作，并明确每个成员的角色和责任。团队合作的作业任务能够培养学生的合作精神和团队意识，让他们学会倾听他人的意见、分工合作、协调解决问题。

在团队合作过程中，教师还可以鼓励学生互相评价、自我反思，以促进彼此的成长和进步。通过团队合作，学生能够意识到集体的力量和智慧的重要性，从而更加珍惜和尊重团队成员的贡献。

（五）提供作业资源与支持

为了使学生顺利完成课外实践性作业，教师必须提供充分的作业资源与支持。这涉及多个方面，包括提供必要的数学资料、软件工具和实验设备等。数学资料可以是教科书、参考书目或在线资源，以便学生查阅相关概念和理论。软件工具可以是数学计算软件或模拟软件，帮助学生进行数值计算和模拟实验。实验设备则可以为学生提供实际操作的机会，加深他们对数学原理的理解和掌握。

除了提供资源，教师还应给予学生必要的作业指导。教师可以定期组织答疑，解答学生在作业过程中遇到的问题。此外，教师还可以提供示范和案例分析，帮助学生理解作业要求和解题技巧。通过教师的指导和支持，学生能够更加高效地完成课外实践性作业，并取得良好的成果。

（六）设计合理的激励机制

设计合理的激励机制对于促进课外实践性作业的落实至关重要。通过合理的奖励制度和表彰方式，教师可以激发学生的学习兴趣和动力，提高他们学习的积极性和创造力。例如，教师可以设立优秀作业奖项，并根据作业的难度、创新性和完成质量等标准进行评价和奖励。这样可以激励学生努力完成作业，并争取获得优秀成绩。

此外，教师还可以定期组织作业展示和交流会等活动，给予学生展示自己作业成果的机会。这样的活动不仅可以让学生互相学习和借鉴，还能够激发他们的成就感和自信心。同时，教师还可以邀请家长和其他教师参加这些活动，以增加学生的荣誉感和动力。

（七）加强指导和监督

加强指导和监督是确保课外实践性作业有效落实的不可或缺的一环。教师在这一过程中发挥着重要的作用。首先，通过定期检查，教师可以及时了解学生完成作业的进度，确保他们按照预定的时间表进行。这有助于培养学生的时间管理能力和自律习惯。

其次，个别辅导是教师针对学生遇到的具体困难和问题进行有针对性的指导和帮助的重要环节。每个学生在完成作业过程中都可能遇到不同的挑战，教师通过个别辅导可以精准地解决学生的疑惑，帮助他们攻克难关。

最后，教师的监督也至关重要，它能够确保作业的质量和效果。教师应设定明确的作业标准，并严格监督学生按照标准完成作业。对于不符合要求的作业，教师应及时给予反馈和指导，引导学生修正和完善。

（八）与家长紧密合作沟通

在小学生数学课外实践作业完成落实的过程中，家长的角色不仅仅是监督者，更是陪伴者和支持者。他们能够为学生提供情感上的鼓励，同时也是学生实践数学知识的第一任伙伴。因此，与家长的合作沟通在课外实践作业的落实中具有不可或缺的重要性。

为了与家长更好地合作，教师可以定期举行家长会议，与家长面对面交流学生的作业情况和进度。通过这些会议，家长可以更加直观地了解孩子在学校的学习情况，而教师也能从家长那里获得学生在家中的学习反馈。此外，书面交流也是一种非常有效的沟通方式。教师可以通过家长信、学生作业报告等方式，定期向家长汇报学生的作业完成情况，并为家长提供具体的辅导建议。

家长在接收到这些信息后，可以在家庭中为学生提供必要的支持和鼓励。他们可以帮助孩子制订合理的学习计划，确保孩子有足够的时间完成作业，同时也能给予孩子及时的反馈和赞美。家庭的学习氛围对学生的学习效果有着深远的影响，家长的参与和支持能够为孩子创造一个更加积极、健康的学习环境。

不仅如此，与家长的紧密沟通还能够增进彼此的理解和信任，让家长更加放心地将孩子交给学校。这种良好的家校合作关系不仅能够提高学生的学习效果，还能为学生的全面发展创造更多的可能性。

（九）做好作业展示、评价与反思

作业展示是一个激励学生积极参与和互相学习的过程。在小学数学的实践中，教师可以组织学生之间的作业展示活动，让学生有机会展示自己的实践成果，并观察他人的作品。这样的活动既能培养学生的自信心，也能激发他们的学习动力。

对于小学数学课外实践作业的评价，教师应注重评价的实际效果与学生的学习进步。评价不仅是为了给学生一个分数或等级，更是为了帮助学生找出自己的不足，明确努力的方向。因此，评价标准应该清晰明确，评价过程应公正透明。

反思是学生学习过程中的自我总结和提高的环节。在完成课外实践作业后，教师应该引导学生进行深入的反思，思考自己在完成作业过程中的优缺点，找出问题的根源，并提出改进措施。通过这种方式，学生可以不断完善自己的学习方式和方法，提高学习效果。

第三节　作业评价体系建构

小学数学课外实践作业评价体系的建构对于学生学习的全面发展至关重要。这一评价体系应综合考虑学生在完成实践作业过程中所展示的数学知识掌握、解题能力、合作与沟通能力以及综合运用能力。通过全面、客观地评价学生的学习表现，教师能够更好地指导他们的学习，鼓励他们在数学领域中深入探索，并培养他们的创新思维和问题解决能力。同时，这一评价体系也能帮助学生建立自信，激发学习数学的兴趣，并促进他们在团队合作中发展协作精神和领导能力。建构科学合理的小学数学课外实践作业评价体系，将有力推动学生全面发展，提升他们的数学素养和综合能力。

一、作业评价体系特点

信息赋能小学数学课外实践作业评价体系建构，指的是利用信息技术手段，对小学数学课外实践作业评价体系进行优化、丰富和个性化的建构过程。通过引入信息技术，我们能够更高效、准确地收集、分析和应用评价数据，从而实现对学生学习成果全面、客观的评价，并为教学提供有力的支持。

（一）数据驱动

在信息赋能的小学数学课外实践作业评价中，数据的重要性得以充分体现。这种评价方式不仅依赖于传统的考试分数，更关键的是对学生在作业完成过程中的各类数据进行全方位的采集和分析。例如，学生的答题时间、错题类型、重复错误率等数据都能被有效记录。这些数据可以揭示出学生的学习习惯、知识掌握程度，以及其在学习中的难点和重点。基于此，教师可以为学生制订出更有针对性的学习方案，实现因材施教。同时，大量数据的积累和分析也有助于教师和教学管理者从更宏观的角度去理解教学效果，进而优化教学方法和内容，实现教学相长。

（二）实时性

实时性意味着学生完成作业后，系统能够即时给出反馈。这种实时反馈不仅限于答案的正确与否，还包括对学生解题思路、方法的评价。比如，即使学生的答案是错误的，但如果他的解题思路是独特的、富有创造性的，那么系统也可以给出积极的反馈，鼓励他继续发扬这种思维方式。实时性还体现在教师可以根据学生的作业完成情况，及时调整教学计划和策略。例如，如果发现大部分学生在某一知识点上存在困惑，教师可以及时在课堂上进行补充讲解，从而提高教学效果。

（三）个性化

个性化评价是基于每个学生的特点和需求进行的评价。在信息赋能的评价体系中，通过对学生学习数据的深度挖掘和分析，可以形成每个学生的个性化学习画像。这不仅包括他们的知识水平、学习能力，还包括他们的学习风格、兴趣点等。因此，评价不再是一刀切的方式，而是根据每个学生的实际情况进行个性化调整。比如，对于学习进度较慢的学生，系统可以给出更多基础题型的练习；对于进度较快的学生，系统可以推送一些拓展题目，满足他们的进阶需求。

（四）多元化

多元化体现在评价方式和标准的多样性方面。除了传统的数值评分，还可以引入等级评分、评语评价、同学互评等方式。比如，对于一些需要团队合作完成的实践作业，可以引入同学互评的方式，让学生之间相互评价彼此的表现和贡献。此外，评价标准也可以多元化，不仅关注学生的知识掌握情况，还可以考察他们的学习态度、努力程度、创新思维等。

（五）互动性

信息赋能的评价体系大大增强了师生、生生之间的互动。学生可以通过在线平台与教师和同学进行即时交流，分享学习心得、讨论疑难问题。教师也可以通过平台给予学生及时的指导和帮助，形成一种持续互动的学习氛围。这种互动性不仅有助于提高学生的学习积极性，还有助于培养他们的协作能力和社交技巧，为他们未来的学习和生活打下坚实的基础。

二、作业评价体系建构维度

在信息化赋能的评价体系中，通过综合评价学生的完成度、知识应用、思维能力、学习态度与习惯、合作与沟通能力、信息技术应用水平、学生自主成长以及与新课标要求的契合度，教师能够全面客观地了解学生的学习效果和进步，为教学提供精准指导的依据，激励学生全面发展，提升综合素质和能力。

（一）完成度评价

在完成度方面，教师可以细致地评估学生是否全面、准确地完成了课外实践作业。这包括作业的各个部分是否都已完成，作业的质量是否达到预期标准。教师可以进一步分析学生提交的作业，检查其是否涵盖了所有要求的内容和细节。通过统计和分析学生在信息平台上的活动数据，能够了解到他们是否合理地安排时间、有计划地完成作业，从而评价他们的时间管理和计划能力。

（二）知识应用评价

在知识应用方面，教师可以通过学生在作业中展现的解题方法和答案的准确性，来评价他们对课本知识的理解和应用能力。教师可以深入分析学生答案的推理过程，观察他们是否能够准确运用相关概念、原理和公式来解决问题。此外，教师还可以借助信息技术手段，生成知识图谱和学习路径分析，更全面地了解学生在知识应用上的表现和水平。

（三）思维能力评价

在思维能力方面，教师可以仔细观察学生解题的思路和方法，以评价他们思维的逻辑性和创新性。通过分析学生答案的独特性、思维的深度和广度，教师能够了解他们是否具备独立思考和解决问题的能力。信息技术在这个过程中可以提供智能分析的支持，例如通过可视化解题路径、思维导图等工具，帮助教师更好地评估学生的思维能力。

（四）学习态度与习惯评价

在学习态度和习惯方面，教师可以通过学生在信息平台上的学习行为数据，包括学生的登录频率、学习时间分布、学习内容的连续性等进行评价。这些数据能够客观地反映出学生的学习态度和习惯，例如他们是否保持积极的学习状态、是否具备良好的学习自律性等。通过信息技术的支持，教师可以更方便地获取这些数据，并进行统计和分析，从而更准确地评价学生的学习态度和习惯。

（五）信息技术应用水平

在评价学生的信息技术应用水平时，教师应着眼于学生对各类信息技术工具和平台的运用能力和熟练程度。例如，学生是否能够有效利用在线学习平台获取资源和提交作业、是否能够运用数学软件辅助解决问题、是否熟练掌握与数学相关的信息技术工具等。这种评价不仅关注学生对信息技术的操作熟练度，还重视他们在解决问题时如何合理、高效地运用信息技术。

（六）信息技术应用水平评价

在评价学生的信息技术应用水平时，教师应深入考察他们在完成作业过程中对信息技术的运用熟练度和实际效果。具体而言，教师需要观察学生是否能够迅速熟悉并掌握各类学习软件、在线平台和数字工具，是否能够将这些工具灵活应用于辅助完成作业。教师应关注学生的信息技术操作熟练度、学习资源的获取与筛选能力，以及他们在信息技术辅助下提升学习效果的实际情况。通过这一评价，教师能够准确了解学生信息技术应用的水平，并指导他们更好地运用技术提升学习效率。

（七）学生自主成长评价

在评价学生自主成长时，教师可以通过比较学生在不同时间段的作业完成情况，细致观察他们的自主学习和成长轨迹。教师需要关注学生在作业完成过程中的自我驱动能力、学习计划的制订和调整能力，以及他们对学习成果的反思与改进能力。通过信息技术的支持，教师能够记录和展示学生的学习轨迹，以可视化和可量化的方式呈现他们自主成长的证据。这样做不仅可以激励学生自我驱动地学习，也为教师提供更全面的学生成长信息，以便为学生提供更好的个性化指导。

（八）契合新课标要求的维度

在评价学生作业与新课标要求的契合度时，教师应仔细比对新课标的教学理念、内容和目标，来评价学生的作业成果。教师需要关注学生在作业中是否体现了新课标的核心素养和能力要求，是否能够将理论知识与实际问题相结合以及他们是否能够运用所学知识解决真实情境中的问题。通过比对新课标的要求和学生的作业成果，教师可以清晰判断学生是否理解和掌握新课标规定的核心内容，从而有针对性地引导学生发展与提升。这一维度的评价有助于确保学生的学习与新课标的要求保持一致，推动他们全面发展，使其具备适应未来社会所需的能力和素养。

作业评价体系维度表

评价维度	概述	关注点
完成度评价	评价学生是否按要求完成作业，并提交所有必要部分	作业完成的完整性和准确性
知识应用评价	通过分析学生答案，评价其对课本知识的理解深度和应用能力	理解的深度和广度，知识应用的准确性
思维能力评价	观察学生解题思路、方法和策略，评价其思维的逻辑性、灵活性和创新性	思维的清晰度、创新性和解决问题的策略
学习态度与习惯评价	通过学生在信息平台上的活动记录，评价其学习态度和习惯	学习的主动性、自律性和持续性

续 表

评价维度	概述	关注点
合作与沟通能力评价	通过在线协作工具的记录和小组作品的展示，评价学生的合作与沟通能力	团队合作的能力、沟通技巧和贡献度
信息技术应用水平评价	评价学生在完成作业过程中使用信息技术的熟练度和有效度	技术工具的熟练度、效率和应用能力
学生自主成长评价	通过比较学生在不同时间段的作业完成情况，评价其自主学习和成长的能力	自我驱动的能力、学习进步和成长轨迹
契合新课标要求的维度	评价学生的作业是否与新课标的教学理念、内容和目标相符	作业与新课标要求的对齐度和一致性

上述表格呈现了各个评价维度的概述和关注点，帮助教师和评价者更系统地理解和应用这些维度来评价学生的学习效果和进步。

总之，通过上述各个维度的详细丰富的评价，教师和家长能够更全面地了解学生在课外实践作业中的学习情况和表现。这种评价方式结合了传统评价方法和信息技术的优势，能够提供更客观、准确、全面的评价结果，帮助学生发现自身的优势和不足，促进他们全面发展。同时，也能为教师提供更精准的教学反馈和指导依据，以提升教学效果和质量。

三、评价方法

教师评价引领教学实践，策略调整助力学生成长；学生评价促进自我认知与同伴合作，激发学习动力；作业二次评价推动深度学习与教学优化，实现教学相长。

（一）教师评价——教学实践的引领与策略调整者

教师评价作业指的是教师对学生的作业进行综合评价的过程，包括对学生的作业完成度、准确性、创新性、深度等多方面的考量。通过评价作业，教师可以了解学生的学习进度、理解程度和应用能力，从而为下一步教学提供有价值的反馈，并有针对性地调整教学策略，以提升教学效果。

在小学数学实践作业的信息化教学评价中，教师作为教学实践的引领者，其评价作用不仅仅局限于为学生打分，更体现在对整个教学过程的调控和引导。教师需要根据学生的实际情况，灵活调整教学策略，确保每个学生都能在课外实践作业中有所收获。

为了实现这一目标，教师需要深入了解每个学生的学习特点和需求，针对他们的实际情况设计合适的课外实践作业。在评价过程中，教师应注重学生的进步和努力，而不仅仅是结果。通过鼓励学生反思自己的学习过程和方法，教师可以帮助他们培养自主学习和终身学习的能力。

（二）学生评价——自我认知与同伴合作的推动者

学生评价作业是指学生对自己完成的作业进行评价和反思的过程，包括对自己作业质量、理解程度、完成情况等方面的评估。通过评价自己的作业，学生能够发现自己的优点和不足，明确自己的学习需求和进步方向，进而调整学习策略，提升学习效果。这种评价方式有助于培养学生的自主学习能力和终身学习意识。

学生评价在信息化教学中具有双重意义，它既是对自我学习效果的反馈，也是与同伴合作、互助学习的过程。通过自我评价，学生能够更加清晰地认识到自己的学习状态、策略和成果，从而及时调整学习方法，提高学习效果。

同伴评价则为学生提供了一个互相学习、共同进步的平台。在课外实践作业中，学生们可以相互评价、提出建议，这样不仅能够帮助他们发现自己的不足，还能够激发他们的学习动力和竞争意识。通过互评，学生们可以建立起一种良好的合作氛围，共同为解决问题而努力。

（三）作业的二次评价——深度学习与教学优化的助力器

作业的二次评价指的是在学生初次完成作业评价后，进行的再次评价。这种评价可能是基于学生的修改、完善，或是对评价结果的再次审视。二次评价为学生和教师提供了再次反馈和学习的机会，有助于教师更全面地理解学生的学习情况和需求，进一步促进教学的针对性和有效性。

作业的二次评价为教师和学生提供了一个深度学习和教学优化的机

会。对于学生来说，二次评价是对自己学习成果的再次审视和完善，也是对自己学习策略的调整和优化。通过二次评价，学生可以更加深入地理解知识，提高自己的学习效果。

对于教师而言，二次评价则是一个重要的教学反馈机制。通过分析学生在二次评价中的表现和反馈，教师可以深入了解学生的学习需求和问题，从而有针对性地优化教学内容和方法。这样不仅可以提高教学效果，还能够构建一种动态、发展的教学环境，使教学更加符合学生的实际需求。

四、教学评一体化

小学数学课外实践作业中的教学评一体化具有提高教学效果、增强学生实践能力、促进师生互动、提升学生学习动力以及实现个性化教学等诸多优点。这些优点有助于构建一个更高效、更生动、更具针对性的小学数学教学环境，促进学生的全面发展。

（一）教学评一体化的优势

小学数学课外实践作业中的教学评一体化不仅能够提高教学效果，还注重学生的个性发展、促进了师生互动，增强学生的学习动力和实践能力。

1. 提高教学效果

首先，明确教学目标使得教师能够有针对性地设计课外实践作业。教师可以根据学生的实际情况和学习需求，选择合适的作业内容和难度，确保每个学生都能在作业中得到适当的挑战和成长。这有助于学生完成作业的过程更加高效，对知识的掌握更加深入。

其次，教学评一体化有助于教师及时了解学生的学习情况。通过评价和反馈机制，教师可以迅速发现学生在知识和能力上的不足，从而有针对性地调整教学策略。这种及时调整可以避免学生在错误的方向上越走越远，提高教学效果。

最后，教学评一体化还鼓励教师之间的合作与交流。教师可以相互借鉴彼此的教学经验和作业设计，共同研讨解决教学中遇到的问题。这种团队合作的氛围有助于提高教师的教学水平，进一步促进教学效果的提升。

2. 增强学生实践能力

课外实践作业是教学评一体化中的重要环节，对于增强学生的实践能力有着显著作用。

通过实践作业，学生可以将在课堂上学到的理论知识应用到实际情境中。这种应用过程有助于学生加深对知识的理解，提高他们解决实际问题的能力。实践作业还可以培养学生的创新意识和团队协作精神，使他们在实践中不断积累经验和自信。

3. 促进师生互动

教学评一体化能够促进师生之间的互动。在这种模式下，教师不再仅仅是知识的传授者，更是学生学习的引导者和伙伴。

师生互动可以增进彼此的了解和信任，有助于建立和谐的师生关系。学生在与教师的交流中，可以感受到教师的关心和支持，从而更加积极地投入学习。同时，教师也可以通过与学生的互动，了解他们的兴趣爱好和学习特点，为个性化教学提供依据。

4. 调动学生学习动力

通过参与课外实践作业的设计和评价，学生能够感受到自己的学习和努力是被看见和重视的。这种参与感会增强学生的自主学习意识，从而提高他们的学习动力。

当学生意识到自己的学习成果将被公正评价，并可能影响到后续的教学内容和方式时，他们会更加认真地对待课外实践作业。这种积极的态度有助于形成良性循环，使学生在学习过程中不断获得成就感和自信心，进而更加热爱数学学习。

（二）教学评一体化的应用

教学评一体化是新时代教育教学改革的必然趋势，它通过将教学、实践和评价紧密结合，推动评价与教学的整合，促进教师角色的转变，实现真正意义上的素质教育，并构建和谐的师生关系，为小学数学教学的改进和教育教学改革的深入推进提供有力保障。

1. 顺应新时代教育教学改革趋势

新时代教育教学改革趋势强调以学生为中心，注重学生的全面发展。教学评一体化正是在这一背景下应运而生的一种教学模式。它改变了传统教学中教师单方面灌输知识的状况，将教学重点向学生自主学习、实践探究的方向转移。通过小学数学课外实践作业的教学评一体化，学生能够更加主动地参与到学习中，积极思考和探索，从而更好地适应新时代教育教学改革。

这种趋势的顺应不仅在于教学方式的变革，更在于教育观念的更新。教学评一体化要求教育者重新审视学生的角色，将学生视为学习的主体，而非被动接受知识的容器。这种观念的转变，有助于构建更加符合时代需求的教育教学体系，培养出更具创新精神和实践能力的新时代人才。

2. 推动评价与教学的整合

在传统教学模式中，教学与评价往往被割裂开来，导致评价结果无法直接指导教学改进。而教学评一体化则将评价与教学紧密结合在一起，使评价成为教学过程的有机组成部分。

在小学数学课外实践作业中，教师可以通过观察学生的实践过程、分析学生的作业成果等方式，及时获取学生的学习情况，并对教学效果进行评价。这种评价方式不仅更客观、全面，而且能够为教师提供直接的教学反馈，指导教师及时调整教学策略和方法，实现教学的个性化和差异化。

3. 促进教师角色的转变

教学评一体化带来的另一个显著变化是教师角色的转变。在这种模式下，教师不再仅仅是知识的传授者，更要成为学生学习过程中的引导者和伙伴。

小学数学课外实践作业中的教学评一体化要求教师在设计作业时充分考虑学生的实际情况和需求，并在学生完成作业的过程中给予及时的指导和帮助。同时，教师还需要对学生的学习过程和成果进行客观、全面的评价，为学生提供有针对性的反馈和建议。这种角色转变不仅有助于提高教学效果，更有助于构建和谐的师生关系，增强学生的学习动力和自信心。

4. 实现真正意义上的素质教育

素质教育是新时代教育的重要方向，它强调学生的全面发展，注重培养学生的实践能力、创新精神和合作能力。教学评一体化在小学数学课外实践作业中的应用，正是实现真正意义上的素质教育的有效途径。

首先，教学评一体化鼓励学生通过实践巩固知识。在实践作业中，学生可以将所学的数学知识应用于实际情境中，动手解决问题，从而加深对知识的理解与掌握。这种实践性的学习方式，有助于培养学生的操作能力和解决问题的能力，为其日后的学习和生活奠定坚实的基础。

其次，教学评一体化注重发挥学生的创新精神。在实践作业中，学生往往需要面对一些具有挑战性的问题，这就要求他们充分发挥自己的想象力和创造力，尝试不同的解题思路和方法。通过这样的过程，学生可以锻炼自己的创新思维，培养敢于探索、勇于尝试的精神。

最后，教学评一体化还强调学生的合作能力的培养。在实践作业中，教师通常会安排学生以小组的形式进行合作，共同完成任务。这种合作形式要求学生之间相互沟通、协作，共同解决问题。在这个过程中，学生可以学会倾听他人的意见、表达自己的观点，培养团队合作精神和沟通能力。

5. 构建和谐的师生关系

教学评一体化对于构建和谐的师生关系起着至关重要的作用。在传统的教学中，教师往往处于主导地位，而学生则相对被动。然而，在教学评一体化的模式下，教师和学生之间的互动与交流得到了极大的增强。

小学数学课外实践作业为师生提供了一个共同探索、学习的平台。教师可以利用实践作业的机会，与学生一起探讨问题、分享思路。在这个过程中，教师不再仅仅是知识的传授者，而更多地成为学生的引导者和合作伙伴。学生可以感受到教师的关心和支持，而教师也能更深入地了解学生的需求和困惑。

这种频繁的互动和交流有助于增进师生之间的了解与信任。当学生在实践作业中遇到困难时，教师可以及时给予指导和鼓励，帮助学生攻克难关。同时，教师也可以从学生的反馈中了解到自己教学的不足之处，从而不断完善自己的教学方法和策略。

在这种和谐的师生关系中，学生更加愿意参与学习，积极展示自己的才华和潜力。教师则更能够关注学生的个体差异，为其提供个性化的教学支持和帮助。最终，这种和谐的师生关系将为教育教学改革的深入推进创造有利条件，促进教育质量的全面提升。

第四节　特色课外实践项目设计

小学数学特色课外实践项目是一个针对小学生数学学习的综合性、实践性活动。其核心概念在于，通过富有创意和趣味性的课外实践项目，延伸和拓展小学数学课堂教学内容，让学生在实践中感受数学的魅力，提升数学的应用能力，并激发他们的创新思维和合作精神。这些特色课外实践项目包括数学游戏与竞赛、数学探索实验、数学手工制作等多个方面，旨在从多个维度培养学生的数学素养。比如，通过数学拼图游戏提高学生的逻辑思维和空间想象能力；通过数学竞赛激发学生的学习兴趣和潜能；通过数学探索实验帮助学生将数学知识与现实生活相结合，提高他们的实际应用能力；通过数学手工制作培养学生的动手能力和空间想象能力，增强其对数学的兴趣。总体而言，小学数学特色课外实践项目是一种以学生为中心，以实践为主要手段，以提升学生数学素养和综合能力为目标的教学活动，是对传统数学教学方式的有益补充和创新。

一、小学数学特色课外实践项目特点

小学数学特色课外实践项目是一种创新的教学方式，具有创新性、拓展性、引导性、校本化、学科综合性等特点，不仅能激发学生的创新思维，延伸课堂知识，提升学生的综合能力，还能紧密结合学校实际，体现校本文化，融合多元知识，模拟真实情境，对于提高学生的数学素养和综合能力具有重要意义，是对传统数学教学的重要补充和拓展。

（一）创新性

创新性是小学数学特色课外实践项目的核心特点之一。它体现在项目设计的全过程，其无论是目标设定、内容选择，还是实施方式、评价手段，都充满了对传统模式的突破与超越。

首先，在目标设定上，特色课外实践项目并不满足于学生仅仅掌握数学知识，它更期望通过非传统的方式，培养学生的数学思维、创新精神和问题解决能力。这意味着，项目设计者需要思考如何通过实践活动，引导学生发现问题、提出问题，并尝试用不同于常规的方法解决问题。

其次，在内容选择上，其创新性体现在项目与日常生活、其他学科的紧密结合方面。例如，通过数学与艺术的结合，学生可以探索数学图形的美学属性，或者通过数学与物理的结合，理解数学在描述自然现象中的关键作用。这样的跨学科融合，不仅能让学生看到数学的广泛应用，也能激发他们的探索欲望和创新精神。

最后，在实施方式上，创新性课外实践项目注重学生的主体参与和动手实践。学生不再是被动地接受知识灌输，而是成为学习活动的主体，他们需要在实践中体验、探索，从而获取知识、锻炼能力。

（二）拓展性

拓展性是小学数学特色课外实践项目的另一显著特点。它意味着项目不仅局限于课本内容和课堂教学，更要向课外、校外和社会延伸，打破时间、空间的限制，让学生在更广阔的舞台上学习和成长。

这种拓展性表现在知识层面。项目设计可以引入一些高阶的数学概念或方法，让学生提前接触、了解，为未来的学习打下坚实的基础。同时，项目也可以引入与其他学科、领域相关的知识，帮助学生建立更为完善、全面的知识体系。

除了知识层面，拓展性还表现在能力培养上。通过参与特色课外实践项目，学生不仅可以锻炼数学思维能力，还有机会提升团队合作、沟通协调、创新创造等能力。这些能力对于他们未来的学习和生活都具有重要意义。

（三）引导性

引导性是小学数学特色课外实践项目的重要特点，它关乎学生的学习方式和效果。一个好的引导，能够帮助学生找到学习的方向，激发他们的学习兴趣，培养他们的自主学习能力。

在特色课外实践项目中，引导性首先体现在自主探究上。这些项目通常具有一定的开放性和自主性，不是直接告诉学生答案，而是引导他们主动探究、发现问题。学生需要根据项目的要求，自己去思考、尝试、摸索，通过一系列的实践活动，找到解决问题的方法。这种学习方式，不仅让学生掌握知识，更重要的是，让他们学会如何学习，培养他们的自主学习能力和终身学习的意识。

同时，虽然项目具有开放性，但其教学目标是明确的。教师在设计项目时，会指明教学目标和期望学生达到的学习成果。这样，学生在探究过程中，就有一个明确的方向和目标，知道自己需要达到什么样的标准。这种目标导向的学习方式，能够帮助学生保持学习的动力，也能让他们更加清晰地认识到自己的学习进度和效果。

（四）校本化

校本化是小学数学特色课外实践项目的另一重要特点，它体现了项目与学校教育教学目标、内容和特色的紧密结合。每个学校都有自己的校本文化和教育理念，特色课外实践项目需要与学校的这些特点相适应，才能更好地发挥作用。

首先，在特色课外实践项目中，校本化表现在紧密结合实际上。项目的设计会充分考虑学校的教育教学目标和内容，确保项目与学校的教学大纲和课程标准相一致。这样，项目就能够很好地补充和拓展课堂教学，让学生在课内外都能够得到全面的学习和发展。

其次，项目也会充分考虑学校学生的特点和需求。不同学校的学生，其学习基础、兴趣爱好、学习能力等方面都会有所不同。项目设计者需要根据学生的实际情况，设计适合他们的实践项目。这样可以确保项目的适切性和针对性，让学生能够在项目中找到自己的兴趣点和学习动力。

最后，校本化还体现在对学校资源和环境的充分利用上。特色课外实践项目可以充分利用学校的实验室、图书馆、体育场馆等设施，以及学校的师资力量和教育资源，为学生提供一个丰富多彩、充满挑战的学习环境。

（五）学科综合性（跨学科性）

学科综合性，或者说是跨学科性，是当今教育领域的热门话题。对于小学数学特色课外实践项目而言，这一特点尤为重要，因为它不仅能帮助学生看到数学与其他学科的内在联系，还能让他们更好地理解数学在现实生活中的应用。

在多元知识融合方面，特色课外实践项目经常涉及数学与其他学科的综合应用。比如，数学与科学的结合，可以让学生通过科学实验来验证数学定理，或者运用数学知识来解决科学问题。这种跨学科的学习方式，能够让学生看到数学的广泛应用，加深他们对数学重要性的认识。

数学与艺术的结合也是另一个亮点。艺术中很多元素都与数学有关，如几何图形、对称性等。通过数学与艺术的结合，学生可以运用数学知识来创作艺术作品，或者通过分析艺术作品来发现其中的数学原理。这种学习方式不仅能够锻炼学生的数学能力，还能够培养他们的审美能力和创新思维。

真实情景模拟是体现学科综合性的另一个重要手段。通过模拟现实生活中的真实情景，特色课外实践项目让学生置身于一个充满挑战和问题的环境中。学生需要运用所学的数学知识，结合其他学科的知识和技能，来解决这些现实问题。比如，学生可以模拟经营一个小商店，通过数学计算来控制成本、确定售价、计算利润等。这样的实践活动，能够让学生明白数学不仅仅是一门学科，更是一种解决现实问题的工具。

这种学科综合性的实践项目，对学生的全面发展具有深远的影响。首先，它能够拓宽学生的视野，让他们看到数学与其他学科的紧密联系，激发他们的学习兴趣和动力。其次，通过实践活动，学生能够锻炼自己的综合能力，包括分析问题、解决问题、团队合作、沟通表达等方面的能力。最后，真实情境模拟能让学生更加深刻地认识到数学在现实生活中的应用价值，增强他们学习的意义感。

二、特色课外实践项目设计实践

小学数学特色课外实践项目是一个针对性强、富有创新性和实践性的数学学习活动，旨在通过一系列与小学数学内容紧密相关的实践活动，拓宽学生的学习视野，提高他们的数学应用能力和问题解决能力。这些项目在课余时间进行，作为课堂教学的有益补充，以激发学生的数学兴趣和促进学生自主学习能力的发展为主要目标。随着教育改革的深化，越来越多的小学开始注重课外实践项目的设计与实施。为了提高学生的数学素养和综合能力，我们设计了小学数学特色课外实践项目。项目的目标是通过实践性的活动，让学生在游戏中学习，在实践中进步，感受数学的魅力。

（一）项目内容设计

小学数学特色课外实践项目通过结合数学与艺术、数学与生活的应用以及数学与科技的融合，设计了丰富多彩的实践内容，旨在激发学生对数学的兴趣，提升他们的跨学科综合能力，并引导他们在实际应用中感受数学的魅力和价值。

1. 数学与艺术的结合

数学与艺术的结合是小学数学特色课外实践项目中一项富有创意的内容。该项目通过引导学生使用数学图形和公式来创作艺术作品，激发学生对数学和艺术的兴趣，并培养他们跨学科的综合能力。

在活动中，学生可以探索各种数学概念在艺术创作中的应用。例如，他们可以运用对称的概念，设计出具有平衡美的图案和造型；通过学习和应用模式，在作品中展示出规律和节奏感；通过比例的应用，则可以创造出协调和谐的艺术作品。

为了使学生更好地理解和应用这些数学概念，项目可以引入相关的数学工具和资源。学生可以使用几何图形工具绘制精确的形状，并学习如何运用数学公式来计算角度、距离等参数。学生还可以通过观察和分析艺术作品中的数学元素，加深对数学概念的理解和应用。

2. 数学与生活的应用

数学与生活的应用是小学数学特色课外实践项目中另一重要内容。通过真实的生活案例，该项目将数学知识与实际问题相结合，帮助学生在解决生活问题的过程中巩固和应用数学知识。

在超市购物时计算折扣是一个常见的生活场景。学生可以学习如何运用百分比和比例的概念，计算商品的打折价格，并比较不同品牌和规格的性价比。通过这样的实践活动，学生不仅能够掌握数学知识，还能培养消费意识和理财能力。

规划家庭预算是另一个生活应用的例子。学生可以运用数学中的加减法和乘法，参与家庭预算的制订和管理。他们可以了解家庭收入和支出的基本情况，学习如何合理分配家庭资源，并在实践中体会到数学在家庭生活中的应用价值。

3. 数学与科技的融合

数学与科技的融合是小学数学特色课外实践项目中的一项创新内容。该项目将数学和编程相结合，通过引导学生使用编程工具，让学生感受数学在科技领域的应用，并培养他们的计算思维和编程能力。

学生可以使用适合他们年龄段的编程工具，如Scratch、Python等，学习如何通过编程实现数学算法。他们可以设计简单的数学游戏或计算机程序，运用数学概念和算法来解决编程问题。通过编程实践，学生不仅能够巩固数学知识，还能培养逻辑思维、算法设计和代码调试能力。

此外，学生还可以通过探索数学与科技的融合应用，了解数学在计算机科学、人工智能等领域的重要作用；可以参观科技展览或参加专业人士开展的讲座，进一步拓宽视野，激发对数学和科技的兴趣。

（二）小学数学课外实践特色项目实施步骤

小学数学课外实践特色项目的实施步骤是一个系统化、有序化的过程。从启动会议到分组实践，再到实践活动和成果展示，最后进行总结与反思，每一步都承载着重要的教育意义和实践价值。这样的项目实施步骤，不仅能够激发学生对数学的兴趣和热爱，更能提升他们的实践能力和创新精神，为他们的全面发展奠定坚实的基础。

1. 启动会议

启动会议是小学数学课外实践特色项目的开端，其重要性不言而喻。在会议中，项目负责人需明确介绍项目的目标和内容，让学生对项目有初步了解。为了激发学生的兴趣，可以通过展示过往项目的成果、现场示范等方式，让学生感受到数学课外实践项目的趣味性和实用性。同时，也要鼓励学生提出问题和建议，确保他们对项目有充分的了解和期待。

在启动会议上，除了明确项目目标和介绍项目内容外，还可以邀请一些数学领域的专家或者过往项目的优秀学生进行分享，通过他们的经验和故事，进一步激发学生对数学项目的兴趣和热情。同时，也可以设计一个提问的环节，解答学生对于项目的疑问，确保他们对项目有清晰的认识和期待。

2. 分组实践

在分组环节，让学生根据自己的兴趣选择项目内容，这能使学生更投入实践活动。按照项目内容进行分组，每组人数控制在5人以内，这样既能保证学生之间的充分交流，也方便指导老师进行个性化的指导。分组后，学生可以在小组内进一步讨论项目细节，制订初步的实践计划，为后续的实践活动做好充分准备。

在分组实践中，可以根据学生的兴趣和技能进行分组，确保每个小组内部具有多样性和互补性。这样学生们能够在小组中互相学习，互相帮助，共同进步。同时，为了更好地引导学生进行实践活动，可以为每个小组分配一个指导老师，负责与学生进行沟通、解答学生的问题、指导学生的实践，确保每个学生都能够得到充分的关注和帮助。

3. 实践活动

实践活动是项目的核心环节，学生将在指导老师的帮助下，进行为期一个月的实践活动。在这个过程中，学生需要运用所学的数学知识，解决实际问题。指导老师则负责提供必要的指导和支持，确保实践活动的顺利进行。同时，也可以邀请家长、社区等外部资源参与项目，增强实践活动的丰富性和多样性。

在实践活动中，学生们将根据项目的主题和目标，结合所学的数学知识，进行实际操作和应用。这个过程可以采用问题解决、案例分析、数学实验等形式。学生们将通过观察、思考、实践，深入探索数学的奥秘和应用。在这个过程中，学生们不仅能够巩固所学的数学知识，还能够培养实践能力、解决问题的能力以及团队合作精神。

4. 成果展示

成果展示是对学生实践成果的一次集中展示，也是学生之间互相学习和交流的机会。在展示环节，每组学生都需要展示自己的实践成果，并与其他同学分享学习心得。这不仅有助于增强学生的自信心和成就感，也能促进他们之间的经验分享和互相启发。

在成果展示环节，每个小组可以选择不同的方式进行展示，如PPT演示、实物模型、数学游戏等。此环节能给学生提供一个展示自己的实践成果和才华的舞台，同时也能够让他们从其他小组的展示中获得启发和灵感。此外，还可以设置评委团或者观众投票等环节，对展示的成果进行评价和认可，激励学生们继续努力。

5. 总结与反思

项目结束后，对整个项目过程进行总结与反思是非常必要的。这既是对项目效果的一次全面评估，也是为后续项目提供改进建议的重要依据。在总结和反思中，需要充分分析项目的优点和不足，找出问题所在，提出改进措施。同时，也要重视学生的反馈意见，了解他们的需求和期望，为后续项目的优化和完善提供有力支持。

在总结与反思阶段，除了对项目过程进行总结和分析外，还可以引导学生们进行自我评价和互相评价，以此帮助他们回顾自己在项目中的表现，找出自己的优点和不足，并设定下一步的学习目标。同时，也可以鼓励学生们提出对项目的意见和改进建议，为后续项目的完善和发展提供宝贵的参考。此外，还可以将学生们在项目中的优秀表现和成果进行记录和归档，作为他们学习数学的宝贵财富和纪念。

第五节　资源库建设

小学数学课外实践作业资源库建设是一个系统性的工程，它的目标是提供一个丰富多样的实践作业资源库，以帮助教师更好地进行课外教学，同时提高学生的实践能力和数学知识应用能力。小学数学课外实践作业资源库建设是一个长期的过程，需要不断地更新和完善。

一、资源库建设的意义

小学数学课外实践作业资源库建设是指建立一个系统的、全面的小学数学课外实践作业资源集合。小学数学课外实践作业资源库建设是一个系统性工程，旨在创建全面且具有实践性的作业资源集合，以使课外教学更加高效，提升学生的实践和应用能力，并持续更新适应新需求。

（一）丰富教学手段和资源

除了提供多样化的课外实践作业资源，小学数学课外实践作业资源库的建设还有助于推动教师教学手段的创新。教师可以结合资源库中的各类资源，运用多媒体教学工具，如投影仪、电子白板等，将实践作业以更生动形象的方式展示给学生。例如，利用投影仪展示一个实际测量问题的操作步骤，或者通过电子白板进行互动，让学生上台操作解决问题。这样的教学方式能够更好地吸引学生的注意力，提升他们的学习兴趣。

此外，资源库还可以提供丰富的教学参考资料，供教师备课和进修学习使用。这些参考资料可以包括教学设计案例、教学方法指导、数学知识点的延伸拓展等。教师可以通过学习和借鉴这些资料，提升自己的教学水平和效果，为学生提供更高质量的教学服务。

（二）提升学生学习效果

小学数学课外实践作业资源库的建设不仅能促进学生更好地掌握知识，还有助于培养学生的自主学习能力和问题解决能力。在实践作业中，学生需要独立思考、自主探究，通过实际操作解决问题。这种学习方式能够培养学生的自主学习能力，使其养成主动学习的习惯。

同时，课外实践作业还可以鼓励学生进行合作学习。教师可以引导学生分组完成一些较复杂的实践作业，让他们在合作中互相学习、互相帮助。这种合作学习方式能够培养学生的团队合作精神和沟通能力，提高其学习效果。

（三）实现个性化教学

为了实现真正的个性化教学，小学数学课外实践作业资源库的建设可以结合学生的兴趣和特长进行个性化推荐。教师可以根据学生的兴趣爱好和学习特长，为其推荐相应的实践作业资源。例如，对于喜欢艺术的学生，可以推荐与几何图形设计相关的实践作业；对于喜欢体育运动的学生，可以推荐与测量、统计数据相关的实践作业。这样的个性化推荐能够更好地激发学生的学习兴趣，提高其学习动力。

同时，资源库还可以提供不同难度等级的实践作业，以满足学生的学习需求。学生可以根据自己的实际情况，选择适合自己的难度等级的作业进行挑战，逐步提升自己的能力水平。

（四）促进数学知识的实践应用

为了更好地促进数学知识的实践应用，小学数学课外实践作业资源库应积极与社区、企业、博物馆等各方合作，为学生提供在真实场景中应用数学的机会。无论是参与社区项目，还是在超市中运用数学知识进行预算和优惠计算，都能够帮助学生深入体验数学在现实生活中的应用价值。

此外，与环保组织、交通部门的联手合作更能让学生理解数学在环境保护、城市交通规划等领域的重要性。通过引入真实案例和数据，学生能够感受到数学的实际应用价值，并为未来学习和生活奠定坚实的基础。这样的实践与合作，让数学不再仅仅是学科，更是学生们手中解决问题的利器。

（五）推动教育信息化发展

在当今信息化快速发展的时代，教育信息化已成为教育现代化的重要标志。小学数学课外实践作业资源库的建设正是教育信息化发展的一个重要体现。它不仅利用了现代信息技术，将丰富多样的教学资源进行数字化处理，方便教师和学生随时随地进行访问和使用，而且促进了师生之间的信息交流和教学互动。

资源库的建设使教师可以利用网络平台进行作业的发布、批改和反馈，提高工作效率，更及时地了解学生的学习情况。学生则可以通过资源库在线提交作业，查看作业的批改结果和反馈，及时进行学习调整。这种信息化的教学方式不仅能够提升教学效果，而且能增强师生之间的互动与沟通。

此外，小学数学课外实践作业资源库的建设还可以为教育大数据分析提供基础数据支持。通过收集和分析学生在实践作业中的表现数据，可以对学生的学习情况、兴趣爱好、能力特长等进行深入挖掘，为教师提供更全面、准确的学生“画像”，进而实现个性化教学和精准辅导。

二、资源库建设步骤

小学数学课外实践作业资源库建设是一个系统性的长期工程，通过明确目标和定位，收集整理多样化资源，并对其进行分类和标签化，设计作业模板，建立评价反馈机制，加大推广力度，开展使用培训，将打造一个丰富实用、持续更新的资源库，有力支持小学数学教学的课外实践环节，提升教师的教学效果和学生的实践能力。

（一）明确目标和定位

在着手建设小学数学课外实践作业资源库之初，明确资源库的目标和定位至关重要。这涉及资源库的使用者、内容、范围以及预期效果等一系列问题的明确。

首先，要明确资源库的主要使用者是谁。显然，其主要使用者是小学数学教师和学生。因此，资源库的建设应以学生为中心，以满足学生的学习需求和提高他们的学习效果为目标。同时，也要考虑到教师的使用方便，提供他们在教学过程中所需的教学资源和工具。

其次，需要定位资源库的内容和范围。小学数学涵盖了众多的知识点，因此资源库的内容应尽可能丰富，覆盖各个知识点。同时，资源库的范围也可以扩展到课堂教学之外，提供一些趣味性的数学实践活动，激发学生的学习兴趣。

最后，要明确资源库的预期效果。这既包括提高学生的学习效果，也包括提升教师的教学质量。同时，也要考虑到资源库的长远发展，比如如何与其他教学资源库进行互联互通、如何实现资源共享等。

（二）收集和整理资源

收集和整理小学数学课外实践作业资源是一个持续且需要精细管理的过程。首先，要从多种渠道获取资源，包括教科书、教学参考资料、网络资源等。其中，网络资源尤其丰富，但需要注意的是，要确保其准确性和适用性。

其次，资源收集后，要经过筛选、分类、校对等环节，确保资源的质量。特别是一些来自网络的资源，可能存在错误或不适合小学生学习的情况，需要进行严格的筛选和校对。

最后，整理资源时，要按照一定的逻辑和顺序进行，比如按照知识点、年级等进行分类，方便后续的使用和查找。同时，对于一些特殊的资源，如需要配合特定教学工具的资源，还需要进行相应的标注和说明。

（三）设计作业模板

设计小学数学课外实践作业模板是资源库建设中不可或缺的一环。一个好的作业模板不仅可以提供清晰的作业指导，还能帮助学生更好地理解和完成作业。

首先，作业模板需要包含明确的作业目标。这个目标应该与课堂上的教学目标相一致，帮助学生巩固和拓展所学知识。同时，目标也应该具有可操作性，让学生能够清楚地知道他们需要做什么。

其次，作业模板需要提供详细的指导步骤。这些步骤应该引导学生逐步完成作业，同时规范他们的解题思路和方法。在每个步骤中，可以配合一些实例或图示，帮助学生更好地理解和操作。

最后，作业模板还应包含评价标准。这个标准应该明确、具体，让学生能够清楚地知道他们的作业将被如何评价。同时，这个标准也应该与教学目标相一致，确保评价的有效性和公正性。

（四）分类和标签化

分类和标签化在小学数学课外实践作业资源库建设中起到了至关重要的作用。通过合理的分类和标签化，教师和学生能够快速、准确地找到他们所需要的资源，提升教学效果和学习效率。

在分类方面，可以按照知识点进行分类。例如，将资源库中的实践作业按照数的运算、几何图形、数据处理等知识点进行划分。这样的分类方式能够帮助教师和学生迅速定位到特定知识点的相关作业，进行有针对性的教学或学习。

除了知识点分类，难度等级也是一个重要的分类维度。可以根据作业的难易程度，将实践作业分为初级、中级和高级等级别。这样的分类方式有助于教师根据学生的实际情况选择合适的作业，逐步实现知识的递进和拓展。同时，学生也可以根据自己的能力水平选择挑战相应难度的作业，提升学习成就感。

在标签化方面，可以为每个实践作业资源添加多个标签。这些标签可以是与知识点相关的，也可以是与作业类型相关的。例如，对于一道测量类的实践作业，可以添加“测量”“长度”“面积”等标签。这样的标签化方式能够增强资源的可检索性，让教师和学生通过关键词搜索快速找到相关资源。

（五）建立评价和反馈机制

为了持续提升小学数学课外实践作业资源库的质量和用户满意度，建立有效的评价和反馈机制至关重要。这一机制旨在收集教师和学生的使用体验和建议，进而指导资源库的改进和优化。

首先，评价体系的建立是关键。可以为资源库中的每一个实践作业资源，都设立一个评价系统，包括用户评分和评论两个部分。用户评分可以客观地反映资源的难易程度、实用性和趣味性，而评论部分则为用户提供了一个分享使用体验和提出建议的平台。

其次，定期的用户调研也必不可少。通过向教师和学生发放问卷，收集他们关于资源库的整体印象、使用频率、满意度等方面的信息。这样不仅可以了解资源库的实际运行状况，还能发现其存在的问题和不足，为后续的改进提供方向。

最后，为了确保评价和反馈机制的有效性，还需要建立一个专门的团队或小组负责收集、整理和分析用户的反馈和建议。他们可以根据用户的反馈进行相应的调整和优化，例如修复某个资源的错误、增加新的作业类型或优化作业模板等。

（六）推广和开展使用培训

资源库的建设最终目的是为广大教师和学生提供服务和支持，因此，如何推广和开展使用培训成了关键。

推广可以通过多种渠道进行。例如，在学校的官方网站、教务系统或公告板上发布关于资源库的消息和链接，引导教师和学生了解和使用。同时，也可以利用社交媒体、教育类网站或论坛等平台进行推广，扩大资源库的知名度和影响力。

在使用培训方面，可以组织专题讲座、工作坊或培训课程，向教师和学生介绍资源库的功能、使用方法以及优势。培训内容可以包括如何搜索和筛选资源、如何使用作业模板、如何给予评价和反馈等。通过这些培训，教师和学生可以更加熟练地使用资源库，提高教学效果和学习效率。

需要注意的是，推广和使用培训应该是一个持续的过程。可以定期进行活动更新和培训课程的调整，以适应教师和学生的需求和变化。

三、资源库建设策略

通过资源把控、更新维护、技术推广、优质资源引入、教师学生参与、资源整合与再开发以及共享文化营造等多元化策略，全面构建丰富高效的小学数学课外实践作业资源库，提升教学效果，促进学生数学实践能力的提升。

（一）资源的质量把控

资源的质量是影响资源库使用效果的关键因素。为了确保资源库中资源的高质量，必须设立严格的质量标准。

对于每一个收集到的资源，都需要进行仔细的筛选和审核。首先，要确保资源内容的准确性，避免出现错误或者误导性的信息。其次，要评估资源的难度，确保其适合小学生的学习水平，并能满足不同层次学生的需求。最后，还要考察资源与实际应用的结合度，即资源中的知识和技能是否能够在现实生活中得到应用。

为了确保资源的质量，可以设立专门的审核团队，对收集到的资源进行质量把关。同时，也可以引入外部专家或者机构，对资源库中的资源进行定期的评估和审查。这样不仅可以确保资源的质量，还可以及时发现并改进存在的问题。

（二）更新与维护

随着时代的进步和教育的改革，教学内容和教学需求都在不断地变化。为了适应这种变化，必须对小学数学课外实践作业资源库进行及时更新和维护。

更新资源库主要体现在以下几个方面：一是内容的更新，根据新的教学内容和教学目标，及时添加与之匹配的课外实践作业；二是技术更新，随着技术的发展，资源库的管理系统、检索系统等也需要进行升级，确保平台的稳定性和高效性；三是资源的重新分类和标签化，随着资源的增加和教学内容的调整，需要对资源重新进行分类，确保用户可以快速、准确地找到所需资源。

维护资源库则主要涉及对已有资源的评估和修复。对于内容过时、技术落后或者存在错误的资源，需要及时进行下架或者修复。同时，也要定期对资源库进行安全检查，防止因系统漏洞导致资源泄露或损坏。

为了实现资源库的高效更新和维护，可以设立专门的团队或者负责人，定期对资源库进行审查，确保其与当前的教学要求相匹配。同时，也要建立反馈机制，鼓励用户提出意见和建议，以便及时发现并解决问题。

（三）借助技术与平台

随着信息技术的发展，数字化、网络化已成为教育资源建设的必然趋势。为了更高效地进行小学数学课外实践作业资源库的建设与管理，借助现代技术手段搭建在线平台显得尤为重要。

通过建设专门的资源网站或者软件，我们可以实现资源的集中存储、快速检索和便捷共享。学生和教师可以在任何时间、任何地点访问和使用这些资源，从而提高资源的使用效率。同时，借助大数据分析、用户行为研究等技术手段，还可以更精准地了解用户的需求和喜好，为资源库的持续更新和优化提供有力支持。

在这样的技术与平台的支持下，小学数学课外实践作业资源库不仅可以更好地满足师生的实际需求，还能够进一步推动教育教学的数字化转型，提升教育教学的整体质量和效果。

（四）优质外部资源的引入

虽然学校内部可以产生大量的课外实践作业资源，但是与其他学校、教育机构或优质教育资源平台合作，引入他们的优质资源同样至关重要。

合作与共享是现代教育的重要理念。通过与其他机构合作，不仅可以快速丰富本校的资源库，还可以借鉴他人的经验和成果，避免重复劳动，实现资源的最优化利用。例如，可以与知名教育机构进行资源共享，引入他们经过精心设计和实践检验的优质作业资源。同时，也可以开展校际合作，交流各自资源库建设的经验和特色，实现优势互补，共同提升小学数学教育的质量。

在引入外部资源时，要注重资源的筛选和整合，确保它们与本校的教学目标和学生需求相匹配。同时，也要尊重原作者的权益，建立合理的知识产权保护机制，确保资源的合法使用。

（五）教师参与与共享

教师是资源库建设的重要力量。他们不仅深谙教学内容和目标，还了解学生的实际情况和需求。鼓励教师自主设计和创作课外实践作业，可以确保资源库中的资源与教学实践紧密结合。

为了激发教师的参与热情，可以建立奖励和激励机制，如设立优秀作业设计奖、资源共享积分制度等。同时，也可以定期组织教师培训和交流活动，分享资源库建设的经验和技巧，提升教师的资源设计和开发能力。

在教师的参与下，资源库的建设将更加贴近教学实际，更好地满足学生的个性化需求，促进小学数学教学的创新与发展。

（六）学生参与与反馈

学生的参与对于资源库的建设的作用同样不可忽视。学生是资源的主要使用者，他们对资源的评价和反馈能直接反映资源的质量和效果。

为了促进学生的参与，首先，我们可以设立学生评价系统，允许学生对使用过的课外实践作业进行评价和打分。这种评价可以包括难度适宜性、内容有趣性、与实际应用的结合度等多个维度，为学生提供发表观点的平台。

其次，可以定期组织学生参加资源库使用培训，教导他们如何有效地利用资源库，提升学习效果。同时，鼓励学生自主设计实践作业，这样不仅可以丰富资源库的内容，还能锻炼学生的实践能力和创新思维。

最后，定期收集和整理学生的反馈，针对学生提出的问题和建议，对资源库进行及时的调整和优化。这种学生参与的方式，可以确保资源库的建设更加贴近学生的实际需求，加强资源的使用效果。

（七）资源整合与再开发

资源整合与再开发是小学数学课外实践作业资源库持续发展的重要环节。定期对资源库进行整合和再开发，能够确保资源的高效利用，提升教学效果，满足学生的学习需求。

在资源整合方面，首先需要对资源库中的资源进行全面的梳理和分类。按照知识点、教学目标、难度等级等进行标签化整理，能够使学生和教师快速定位到自己所需的资源。同时，也要建立资源之间的关系网络，明确资源之间的依赖和互补关系，为后续的资源再开发提供基础。

资源再开发则是在已有资源的基础上进行进一步的完善、优化和创新。针对受欢迎、效果好的资源，可以进行深入挖掘，增加更多实际案例和拓展练习，引导学生深入理解和掌握数学知识。此外，还可以将多个相关资源进行整合，形成系列化的实践作业，引导学生进行系统化的学习和训练。

资源整合与再开发需要教师的积极参与和协作。可以组织专门的研发团队，由经验丰富的教师领衔，定期对资源库进行审查和开发。同时，也要鼓励教师相互交流与合作，分享彼此的教学经验和资源开发成果，共同推动资源库的质量提升和教学效果的改善。

（八）共享文化营造

共享文化营造是小学数学课外实践作业资源库得以长效发展的关键。只有在积极互助、乐于分享的氛围中，教师们才会主动将自己的优质资源和经验贡献出来，共同推动资源库的建设与完善。

为了营造这种共享文化，学校可以定期举办经验交流会、资源共享活动等，为教师提供展示和交流的平台。在这些活动中，教师们可以分享自己在资源库建设过程中的心得体会、优质资源推荐等，激发彼此的创作热情。同时，学校还可以设立激励机制，表彰在资源库建设中做出突出贡献的教师，树立榜样，引导更多教师参与资源库的共建共享。

此外，学校还可以通过培训、研讨等方式，提升教师的资源共享意识和技能，使他们更加熟悉资源库的使用和管理，从而提高资源库的利用效率。通过这些努力，学校能够形成一个开放、包容、协作的资源共享环境，为小学数学课外实践作业资源库的建设与发展奠定坚实的基础。

第四章

信息技术赋能"双新"背景下小学数学课外实践性作业实践策略

在知识的整合与应用方面，信息技术成了有力的工具。通过多媒体技术，教师可以将复杂的数学知识以图像、动画等直观的形式展现出来，帮助学生更好地理解和应用。同时，网络平台也使学生能随时回顾和巩固所学，提升学习效果。对于创新思维能力的培养，信息技术提供了广阔的平台。编程、数学游戏等基于信息技术的实践性作业，不仅能激发学生的学习兴趣，还能在解决问题的过程中培养他们的创新思维和解决问题的能力。在跨学科综合应用方面，信息技术的引入使得数学可以和其他学科实现更好的融合。例如，通过数学模型解决科学、工程等问题，不仅能提升学生的数学应用能力，也能让他们理解数学在其他领域的重要性。然而，我们也需要理解，信息技术只是一种工具，关键还在于如何合理运用。在设计和实施课外实践性作业时，教师应根据学生的实际情况和需求，恰当运用信息技术，以提升教学效果，而非盲目追求技术的先进性。总的来说，信息技术在“双新”背景下的小学数学课外实践性作业中扮演了重要角色。它既能助力知识的整合与应用，又能培养学生的创新思维能力，促进跨学科的综合应用。但教师也应以理性的态度，合理地运用信息技术，以真正实现其赋能教育教学的潜力。

第一节　知识的整合与应用

小学课外实践活动是学生们拓展知识、锻炼能力的重要途径。在这个过程中，知识的整合与应用发挥着举足轻重的作用。通过参与各种实践活动，学生们能够将课堂上学到的理论知识与实际经验相结合，形成更完整、更深刻的理解。在课外实践中，学生们能够走出教室，接触到丰富多彩的现实世界。他们可以参加社区服务，了解到社会责任和公民义务；或者投身科学实验，探索自然奥秘和科技原理；还可以参与文学创作，感受文字的魅力和表达艺术。这些活动不仅能让学生们的知识体系更加多元化，还能激发他们的学习兴趣和创新精神。知识的整合在这一过程中发挥着关键作用。学生们需要将不同领域、不同来源的知识融合在一起，形成自己的认知体系。这种整合有助于他们发现知识之间的联系和共通之处，提高解决问题的综合能力。知识的应用则体现了课外实践的价值所在。学生们将所学所得应用于实际情境，不仅能够巩固知识，还能够锻炼实践能力。这种应用可能是解决现实问题的方案，也可能是创造新作品的灵感来源，都能展现学生们在知识应用上的成果。综上所述，小学课外实践中的知识整合与应用是一个相互促进、相得益彰的过程，它让学生们的知识更加丰富多彩，能力更加全面多样。在这个过程中，学生们不仅能收获知识，更能收获成长和进步的喜悦。

一、知识整合与应用的特点

小学数学课外实践作业中的知识整合与应用是一个综合性的学习过程，它强调学生在实践中进行知识的融合与运用，以提高其数学素养和问题解决能力。

（一）知识整合与知识应用

知识整合与知识应用在小学数学课外实践作业中相互依存、相互促进。通过知识的整合，学生们能够形成完整的数学认知结构；通过知识的应用，学生们能够巩固所学知识并提高问题解决能力。这两者共同作用，推动学生在数学学习中实现知识与能力的全面提升。

1. 知识整合

知识整合在小学数学课外实践作业中扮演着至关重要的角色。在课堂上，学生们学习到的是各个知识点碎片化的概念、公式和解题方法。然而，这些知识点往往是孤立的，缺乏整体性和关联性。因此，学生通过课外实践作业的知识整合，能够将这些碎片化的数学知识进行系统性的融合和连接，形成更完整、更有深度的数学认知结构。

知识整合是一个主动的过程，要求学生们在完成课外实践作业时，自觉地回顾并整合所学的数学知识。这种整合不仅仅是简单地将知识点堆砌在一起，更是要求学生们理解知识点之间的联系和逻辑关系。例如，在学习几何形状时，学生们可以通过观察、测量和比较不同形状的性质，将各种几何定理和公式整合到一个有机的框架中，形成对几何学的整体认知。

知识整合还有助于学生们发现数学中的内在规律和思维模式。通过整合大量相关的数学知识点，学生们可以抽象出一般的解题策略和方法，提高解决问题的效率。这种整合过程中的思考和发现，有助于培养学生的创新思维和数学素养。

2. 知识应用

知识应用是小学数学课外实践作业的终极目标之一。在完成知识整合的基础上，学生们需要将所学的数学知识应用到实际的问题解决中。这种应用不仅能够巩固学生所学的数学知识，还能够提高学生的数学问题解决能力。

在完成课外实践作业时，学生们面对的是真实、复杂的问题情境。他们需要运用所学的数学知识，结合实际情况进行分析、推理和计算，寻找问题的解决方案。这种知识的应用过程能够让学生们体会到数学的实际价值和作用，增强他们学习数学的动力和兴趣。

知识应用还能够促进学生数学思维的发展。在面对实际问题时，学生们需要灵活运用所学的数学知识，进行问题的建模、转化和求解。这种思维方式的培养有助于学生们形成敏锐的数学观察力和解决问题的能力。

此外，通过知识应用，学生们还能够不断拓宽应用数学的领域。他们可以将数学知识应用到其他学科和实际生活中，解决各种现实问题。这种跨学科的应用能让学生们意识到数学是一门通用性很强的学科，进一步激发他们的学习热情和探索精神。

（二）知行合一

小学数学课外实践作业通过融合理论与实践，推动知行相互促进，并在真实情境中实现知行合一，引导学生形成完整、深入的数学认知结构，提升学生的数学素养和问题解决能力。

1. 融合理论与实践

在小学数学教育中，课外实践作业作为连接理论与实践的桥梁，发挥着举足轻重的作用。对于知识的整合与应用而言，它更是体现了“知行合一”的理念。

在传统的数学课堂上，学生们主要是通过教师的讲授、课本的学习来获取数学知识，这些知识在很大程度上是碎片化的，缺乏整体性和系统性。然而，在课外实践作业中，学生们被要求将这些碎片化的知识进行整合。这个整合的过程，实际上是对数学知识进行系统化、结构化的过程，以帮助学生们形成更加完整、更加深入的数学认知结构。这种认知结构的形成，正是学生们理论知识体系的建立和完善，即“知”的体现。

而当学生们将这些整合后的数学知识应用到实际问题的解决中时，实际上就是在进行“行”的实践。这种实践不仅仅是知识的简单应用，更是对知识的检验、拓展和深化。通过实践，学生们能够清楚地看到数学知识的实际应用价值，体验到数学知识在解决实际问题中的威力和魅力。

2. 知行相互促进

知行合一不仅是知识和实践的融合，更重要的是二者之间的相互促进。

在课外实践作业中，学生们通过对实际问题的解决，往往会发现自己在知识整合中的不足和漏洞。这些不足和漏洞，就像是一面镜子，反映出学生们在知识整合中的问题和弱点。而这些问题和弱点，又会成为学生们进一步学习和探索的动力，推动他们回到课堂，再次进行深入的学习和整合。这样，实践中的问题就反馈到了学习中，促进了知识的进一步完善和整合，形成了“行”推动“知”的良性循环。

同时，良好的知识整合又为学生们提供了更有效的实践基础。一个完整、系统的数学知识体系，能够使学生们在实践中更加得心应手，达到事半功倍的效果，并更加准确、迅速地找到解决问题的思路和方法，更加有效地解决实践中的问题。这种实践的成果，不仅是对学生们知识整合的肯定，更是对他们努力学习、探索的最好回报。

3. 真实情景中的知行合一

真实情景是检验知识整合与应用效果的最好舞台。在小学数学课外实践作业中，许多作业都是基于真实的生活情景进行设计的。这些情景可能是学生们日常生活中经常遇到的，也可能是他们从未遇到过但非常有趣的。

面对这些真实情景，学生们需要运用整合后的数学知识，进行思考和行动。这种在真实情景中的知识运用，是对学生们知识整合与应用能力的最大挑战和最好锻炼。通过这种锻炼，学生们不仅能够巩固、拓展自己的数学知识，更能够提高自己的数学素养和问题解决能力，为日后的学习和生活打下坚实的基础。而这一切，正是“知行合一”教育理念的最好体现。

（三）有利于认知建构形成

小学数学课外实践作业中的知识整合与应用，契合认知建构理论的要求。这是因为认知建构理论重视学习者通过自身的经验和活动，主动建构、组织和重组知识。

课外实践作业提供了一个实际操作的平台，学生们可以通过观察和实验，亲身经历问题的解决过程，这样的学习方式符合认知建构理论中“学习者是知识建构的主体”的观点。学生们在实践作业中整合知识，实际上是他们在主动组织和重组自己的知识体系，使其更加有序、更加丰富。同时，课外实践作业中的知识应用，也与认知建构理论中的“情境性认知”相吻合。学生们在真实的问题情境中应用数学知识，能够深化他们对知识的理解，并能让他们明白知识的实际应用价值。这样的学习方式，能使学生们的认知结构更加稳固、更加灵活。

此外，课外实践作业通常具有一定的挑战性和探索性，这也符合认知建构理论中“学习是主动探索和发现的过程”的观点。学生们在面对挑战和探索的过程中，会激发学习兴趣和学习动力，进而促进认知发展。因此，可以说小学数学课外实践作业中的知识整合与应用，完全符合认知建构理论的要求，是一种有效的、符合学生学习规律的教学方式。

认知建构理论是现代教育中重要的学习理论之一，它强调学习者通过主动的活动和实践，建构、组织、重组自己的知识经验。那么，小学数学课外实践作业在哪些方面与这一理论相契合呢？

1. 以经验与实践为重

认知建构理论的核心观点是学习者通过自身的经验和活动主动建构知识。对于小学数学而言，学生们在课堂上学习到的往往只是数学的基础概念和理论。但真正地理解和掌握，需要他们通过亲身实践，将这些概念和理论应用到实际情境中。

小学数学课外实践作业为学生提供了大量的实践机会。这些作业可能涉及生活中的实际问题，比如通过测量和计算来规划家庭的装修，或者通过统计来分析一周的天气变化。在这样的实践过程中，学生们需要整合课堂上学到的数学知识，与真实世界的情境进行互动，从而获得直接、具体的经验。

这种基于经验的学习方式，使得数学知识不再是抽象的、孤立的，而是与学生们的生活紧密相连的，更易于被理解和应用。通过不断的实践和经验的积累，学生们能够建构起自己独特、有深度的数学知识体系。

2. 在情境中学习

情境学习是认知建构理论中的重要观点。小学数学课外实践作业通常将数学知识嵌入到真实的情境中，让学生在解决问题的过程中学习和应用数学。

例如，在解决一个与购物相关的问题时，学生们需要运用加减乘除运算来计算总价、找零等。这种情境化的学习方式，能够使学生明白数学在日常生活中的应用，增强其学习的动力和兴趣。由于情境的存在，学生们更容易记住和应用所学的数学知识，提高学习的效果。

3. 以挑战与探索为驱动

面对挑战和探索是认知建构的关键驱动力。课外实践作业中的数学问题往往需要学生们进行深度的思考和探索。这些挑战性问题可能稍微超出学生当前的知识水平，但正是这样的挑战，能够激发学生们的探索欲望和解决问题的动力。

在挑战和探索的过程中，学生们会整合已有的知识，寻找新的解决方案，甚至可能会发现新的数学定理或方法。这种以挑战和探索为驱动的学习方式，能够促进学生知识的深化和拓展，也能够培养他们的创新精神和问题解决能力。

4. 整合与应用并行

在认知建构的过程中，知识的整合与应用扮演着两个不可或缺的核心角色。这两个步骤相互关联、相互促进，为学生提供了更全面和深入的学习体验。课外实践作业正是这一理念的最佳体现。

对于小学数学而言，学生们在课堂上所学的数学知识，通常是零散、碎片化的。而课外实践作业要求学生们将这些碎片化的知识进行整合。这种整合不仅仅是简单的知识回顾和堆砌，更是一种知识再组织和再建构的过程。

例如，在学习了整数、小数和分数之后，可以设置一个课外实践作业，要求学生计算一个复杂的混合运算题目，其中涉及了这些不同的数学概念。学生们需要回顾并整合这些概念，然后运用它们来解决实际问题。

而知识的应用则是认知建构中的另一个核心步骤。当学生们将整合后的知识应用于实践中时，实际上是在进行一个“试错”和“验证”的过程。这种应用不仅能够巩固他们的数学知识，更重要的是，能够培养他们的问题解决能力。

想象一下，一个学生面对一个与面积计算相关的实际问题。他首先需要整合关于形状、测量和计算的知识，其次运用这些知识来进行实际的面积计算。在这样的过程中，学生不仅能够加深对数学知识的理解，还能学会如何在实际情境中运用这些知识。

这种整合与应用并行的学习方式，使得小学数学课外实践作业成为一种高效的、有针对性的学习工具。它不仅能够帮助学生巩固数学知识，更重要的是，能够培养他们的思维灵活性、问题解决能力和数学素养，为他们未来的学习和生活铺设坚实的基石。

二、知识整合与应用的表现

小学数学课外实践作业中的知识整合与应用，具体表现在学生们能够将多个数学知识点融合并建立起知识网络，同时也能够运用数学知识解决真实问题、构建数学模型并分析解释数据。这种整合与应用的方式有助于学生们更全面地理解数学知识，提升解决问题的能力。

（一）知识整合的表现

通过小学数学课外实践作业，学生们实现了多知识点的融合，构建了数学知识网络，并进行了跨章节、跨年级的知识整合，从而形成了对数学知识的全面理解和应用。

1. 多知识点的融合

在小学数学的学习过程中，各个知识点往往是分开教授的，但在现实生活中，问题的解决往往需要运用多个数学知识点。课外实践作业提供了一个平台，让学生们能够对不同领域的数学知识进行整合，并应用于实际问题的解决。

以结合几何和代数知识解决问题为例，学生们可能会遇到一个涉及形状和数值的问题。这个问题可能要求学生计算一个几何图形的面积或周长，并运用代数知识来解决相关问题。在这样的实践作业中，学生们需要将几何的概念如长度、角度与代数的概念如变量、方程进行有机结合。他们需要理解两者之间的联系，并运用这些知识点推导出解决方案。

这种多知识点的融合不仅能够锻炼学生的综合能力，还能够加深他们对数学知识的理解和掌握。通过实践作业中的挑战，学生们能逐渐明白数学知识不是孤立的，而是可以相互融合、相互支持的。

2. 知识网络的建立

课外实践作业有助于学生们建立数学知识之间的网络联系。在完成作业的过程中，学生们会逐渐发现不同知识点之间的联系和衔接点，明白每个知识点的重要性，并了解这些知识点如何相互关联，最终建立一个完整的数学知识网络。

这种知识网络的建立对于学生的学习来说是一种宝贵的财富。通过建立知识网络，学生们能够更好地理解和记忆数学知识，形成一个全面且扎实的数学基础。同时，他们也能够更加方便地调用和应用所学的数学知识，提高解题的效率。

3. 跨章节、跨年级的整合

课外实践作业有时会涉及跨章节、跨年级的知识整合。这要求学生能够将不同年级、不同章节的数学内容进行有机整合，形成对数学知识的全面理解。在这样的作业中，学生们需要回顾并整合过去学过的知识，并与当前的知识进行融合，以应对更为复杂的问题和挑战。

这种跨章节、跨年级的知识整合对于学生的数学学习来说具有很大的推动作用。它不仅能够帮助学生巩固和加深对已学知识的理解，还能为他们展示一个更加广阔和深入的数学世界。通过这样的整合，学生们能够建立更加完备和连贯的数学知识体系，为未来的学习打下坚实的基础。

（二）知识应用的表现

通过小学数学课外实践作业，学生们运用数学知识解决真实问题，应用数学模型进行推理和预测，并对数据进行分析和解释，从而提升问题解决能力、数学思维能力以及数据处理和分析能力。

1. 真实问题的解决

课外实践作业的一个显著特点是它们通常与真实世界的问题紧密相连。这意味着学生们不仅仅是在练习册上解决抽象的数学问题，而且要运用所学的数学知识来解决真实、实际的问题。

比如，学生们可能会遇到一个与家居设计相关的问题，其中需要计算房屋的面积。在这样的情境下，学生们需要运用测量和几何知识，结合实际情况进行测量、计算，以得出房屋的面积。这样的实践作业不仅能锻炼学生们的数学技能，还能让他们意识到数学在日常生活中的应用价值。

再比如，学生们可能会通过比例和概率知识来解决与日常生活相关的问题，如分配物品、计划时间等。这些实际问题的解决需要学生将数学知识与实际情况相结合，从而培养他们的问题解决能力和决策能力。

2. 数学模型的应用

数学模型是连接数学理论与实际问题的桥梁。通过课外实践作业，学生们有机会将所学的数学知识应用于构建数学模型，进一步加深对数学理论的理解和应用。

学生们可以使用图形、图表等来表示实际问题。例如，他们可以使用图形来表示数据的分布情况。一旦建立了数学模型，学生们便能够运用数学知识进行推理和预测，为实际问题找到解决方案。

这种数学模型的应用不仅能够提高学生们的数学思维能力，还能够培养他们的创新能力和解决问题的能力，学会如何从实际问题中抽象出数学模型，并运用数学知识进行分析和解决。

3. 数据的分析和解释

在数字化时代，数据处理和分析已成为一项重要的能力。课外实践作业经常包含与数据处理和分析相关的内容，这要求学生们运用统计和图表知识，对给定的数据进行整理、分析和解释。

学生们需要了解如何收集、整理和展示数据，并使用适当的统计方法来分析数据。他们可以通过绘制图表来展示数据的分布趋势，或使用平均数、中位数等指标来描述数据的特征。通过对数据的分析和解释，学生们能够提取有用的信息，并基于这些信息得出结论和建议。

这种数据分析能力不仅在数学学科中具有重要意义，还对学生们的未来发展具有广泛的影响。它能培养学生们的逻辑思维、批判性思维和决策能力，为他们面对复杂现实问题提供有力的支持。

三、知识整合与知识应用的技巧

通过情境化学习、多样化题型、知识导图与总结、自主学习与探究、数据分析和解释训练，小学数学课外实践作业能够有效地实现知识整合与应用，提高学生的数学素养和问题解决能力。

（一）情境化学习

情境化学习是小学数学课外实践作业中实现知识整合与应用的首要策略技巧。它强调将数学知识与真实的问题情境相结合，使学生在解决实际问题的过程中主动整合和应用所学的数学知识。

在情境化学习中，学生们面对的问题不再是抽象的数学题目，而是与现实生活紧密相连的实际问题。例如，学生们可能会遇到有关购物、测量、时间安排等问题，需要运用加减乘除、几何测量、比例等数学知识进行解决。通过将数学知识嵌入到这些问题情境中，学生们能够意识到数学在日常生活中的应用价值，并激发学习的兴趣和动力。

情境化学习的另一个重要方面是提供真实的数据和情境背景。学生们需要运用所学的数学知识对给定的数据进行处理和分析。这种处理方式不仅有助于学生们理解和应用数学知识，还有助于他们发展数据处理和问题解决的能力，为将来的学习和生活做好准备。

通过情境化学习，学生们能够将所学的数学知识与真实世界的问题联系起来，加深对数学概念和原理的理解。同时，情境化学习也能够促进学生们的思维发展和问题解决能力的提升，使他们更加自信和熟练地运用数学知识解决各种问题。

（二）多样化题型

多样化题型是小学数学课外实践作业中的又一个重要策略。设计包含不同知识点、不同难度层次的题型，可以有效促进学生整合与应用所学的数学知识。

在实践中，教师可以根据学生的知识水平和认知能力，设计各种不同类型的题目，如调查题目、探索题目、思维训练题目等。这些题目可以涵盖不同的知识点，如数学运算、几何图形、概率统计等，并设置不同的难度层次，以适应不同学生的学习需求。

通过多样化题型的练习，学生们能够从多个角度理解数学知识。他们需要在解题过程中，灵活运用所学的数学知识，找到问题解决的最佳途径。这种练习方式有助于培养学生的思维灵活性和解题能力，使他们在面对复杂问题时能够迅速找到解决方案。

多样化题型还能够激发学生的学习兴趣和挑战精神。面对不同类型、不同难度的题目，学生们会产生强烈的探索欲望，愿意主动尝试并解决问题。这种积极的学习态度，有助于提高学生的自主学习能力和数学素养。

（三）知识导图与总结

知识导图与总结是小学数学课外实践作业中实现知识整合的另一种有效策略。鼓励学生在完成作业后，用知识导图或总结表的形式，将所用的数学知识进行整理和归纳，有助于他们形成系统的知识网络，并明确知识点之间的关联。

知识导图是一种可视化的思维工具，能够帮助学生将零散的数学知识整合成一个有机的整体。通过绘制知识导图，学生们可以清晰地看到不同知识点之间的联系和层次关系，形成对数学知识的全面认知。这种整合方式有助于学生们加深对数学知识的理解，提高记忆和复习效率。

同时，总结也是知识整合的重要手段。通过总结，学生们可以将所学的数学知识进行归纳和提炼，形成简洁明了的知识体系。总结还可以帮助学生们发现自己在学习中的不足和遗漏，及时进行调整和补充。

（四）自主学习与探究

自主学习与探究是现代教育理念下的重要教学方法，对于小学数学课外实践作业来说同样适用。在这种模式下，教师不再仅仅是知识的传授者，而更多地扮演引导者和促进者的角色。

当学生面对一个数学问题或挑战时，教师首先应给予一定的背景引导和基础知识的铺垫，其次鼓励学生自主地进行探索和解决。这意味着学生需要运用自己的思维，结合所学的数学知识，寻找问题的解决方案。

这种自主学习与探究的方式有很多益处。

首先，它有助于学生深入整合和应用所学的数学知识。因为学生需要自己思考和探索，他们会更加积极地调用和应用所学的数学知识，以找到问题的解决方案。

其次，这种方式也有助于培养学生的创新思维。因为在自主探索和解决问题的过程中，学生需要不断地尝试新的方法和思路，这会激发他们的创新思维和想象力。

为了实现这种自主学习与探究，教师可以采用一些具体的策略。例如，设置开放性的问题，让学生从不同的角度进行思考和探索；提供一些实际的应用场景，让学生运用数学知识解决实际问题。同时，教师也可以提供一些学习资源和工具，如教学视频、在线教程等，以支持学生的自主学习。

（五）数据分析与解释训练

在数字化时代，数据分析和解释能力变得越来越重要。对于小学生来说，尽早培养这种能力是非常有益的。

首先，在课外实践作业中，教师可以加强数据分析和解释的部分，让学生学会从数据中提取有用信息。这首先需要学生理解什么是数据，以及如何从数据中获取关键信息。教师可以利用简单的数据集和图表，引导学生学习如何读取、理解和解释数据。

其次，学生需要运用所学的数学知识进行数据分析。这可能包括计算平均值、中位数、众数等基础统计指标，也可能包括使用简单的概率模型来预测趋势或结果。这种分析过程有助于学生加深对数学知识的理解，并学会如何在实际情境中应用这些知识。

最后，基于数据分析的结果，学生需要得出结论或提出建议。这不仅是对数据的解读，也是对学生逻辑思维和批判性思维的锻炼。通过这种方式，学生不仅能够提高数学技能，还能培养基于数据做决策的能力。

第二节　创新思维能力培养

小学数学课外实践作业对于培养学生的创新思维能力起着至关重要的作用。通过这些作业，学生们能够面对真实问题和复杂情境，激发好奇心和探索欲望。在自主学习与探究的过程中，学生们灵活运用所学的数学知识，尝试用不同的方法和思路解决问题，从而培养自己的创新思维和想象力。因此，小学数学课外实践作业不仅能够巩固学生的数学知识，更能够为他们开启一扇创新思维的大门，为其未来的学习和创新活动奠定坚实的基础。

一、创新思维能力的特点

小学数学教学中的创新思维能力指的是在数学学习过程中，学生能够通过独立思考、自主探究等方式，产生新颖、独特且有价值的数学思维成果的能力。这种能力不仅是对数学知识的理解和应用，还体现了学生对数学问题的敏锐感知和创造性解决的能力。

（一）新颖性

创新思维能力的新颖性是其最为突出的一个特点。在小学数学教学中，新颖性体现在学生对数学问题的独特见解和非常规解决方法上。具备创新思维能力的学生通常能够打破传统思维的束缚，以全新的方式思考和解决问题。

首先，新颖性鼓励学生挑战传统观念。在数学领域，很多问题和概念都有固定的解决方法和思维模式。然而，创新思维能力强的学生不满足于仅仅接受传统观念，而是敢于对其质疑。他们追求的是不同于常规的答案和思路，通过自己的思考和探索，发现新的解决方法和数学规律。

其次，新颖性体现在学生的创造性思维上。创造性思维是创新思维能力的核心，它要求学生能够产生独特且有价值的数学思维成果。在小学数学教学中，教师可以通过开放性的问题和任务，引导学生进行创造性思维训练。例如，让学生面对一个复杂的问题，鼓励他们提出自己的解题思路和方法，不拘泥于现有的解决方案。通过这种方式，能够培养学生灵活的思维方式和创造性地解决问题的能力。

（二）灵活性

灵活性是创新思维能力的重要特点。在数学学习中，灵活性体现在学生能够从不同的角度、用不同的方法解决问题。

拥有思维灵活性的学生，在面对数学难题时，能够迅速调整自己的思维策略，寻找不同的解决方案。他们可以灵活运用各种数学知识和技能，从多个方面入手解决问题。这种灵活性也表现在他们能够迅速转变思考问题的角度，从而发现新的解题线索和策略。

为了更好地培养学生的思维灵活性，在小学数学教学中，教师可以采用多种教学策略。例如，教师可以设置多变的问题情境，鼓励学生通过不同的方法解决问题。同时，教师还可以引导学生进行合作学习，让他们在小组中交流思路和方法，互相启发、互相补充。在这样的学习环境中，学生们能够充分发挥思维的灵活性，不断拓展解决问题的途径。此外，教师还可以通过丰富的数学活动和竞赛，激发学生的思维灵活性。例如，组织数学游戏、数学竞赛等活动，让学生在轻松愉快的氛围中运用数学知识解决各种问题。这样的活动不仅能够锻炼学生的思维能力，还能够提高他们的学习兴趣和积极性。

（三）批判性

批判性是创新思维能力的基础特点。它要求学生对问题有独立的判断，不盲目接受现有的答案或观点。

在小学数学教学中，批判性思维能力强的学生会深入思考问题，挑战现有答案，并提出自己的见解。他们会对数学题目中的信息进行筛选、对比和分析，从而做出准确的判断。这种批判性思维不仅能够帮助学生更好地理解数学知识，还能够培养他们的决策能力和问题解决能力。

为了培养学生的批判性思维，教师需要创设一个开放、包容的课堂氛围，鼓励学生敢于提问、敢于质疑。当学生对某个问题或答案产生疑问时，教师应该给予他们充分的时间和空间去探究，而不是直接给出答案。通过这样的训练，学生可以逐渐培养出自主思考、独立判断的能力。同时，教师还应该注重培养学生的分析能力和评价能力。在面对一个数学问题时，学生需要学会分析问题的背景、条件和要求，然后对解决方案进行评价。通过分析和评价，学生可以判断自己或他人的解题思路是否正确、是否合理，从而锻炼自己的批判性思维。

（四）突破性

突破性是创新思维能力的重要补充特点。它指的是学生在思考问题时能够超越现有的框架和边界，实现真正的思维突破。

这种突破性体现在对复杂问题的解决上。普通学生可能只停留在问题的表面，而具备突破性思维的学生能够深入挖掘问题的本质，从中找到独特且高效的解决方案。突破性还表现在学生对新知识的接纳和运用上，他们能够迅速将新学的数学知识与已有的知识体系融合起来，实现知识的更新和升级。

要实现思维的突破性，学生首先需要具备扎实的基础知识。只有掌握了基本的数学概念、原理和方法，学生才有可能在深入思考时实现突破。因此，教师在日常教学中要注重基础知识的巩固和强化，为学生打下坚实的基础。在此基础上，教师可以引导学生进行一些拓展性和探究性的学习。例如，可以引入一些高年级或课外的数学知识，让学生尝试用新的工具和方法解决问题。通过这样的拓展学习，学生有机会接触到更广阔的知识领域，为自己的思维突破提供更多可能性。

二、创新思维能力培养的路径

小学数学课外实践活动为培养学生的创新思维能力提供了广阔的平台。通过构建创新环境氛围、包容学生犯错、鼓励学生突破性探索思考以及训练学生的发散思维和逆向思维，可以有效地促进学生创新思维能力的培养。

（一）构建创新的环境文化氛围

构建创新的环境文化氛围是小学数学课外实践活动中培养创新思维能力的首要任务。一个充满创新氛围的环境能够激发学生的创造力和想象力，促使他们更加主动地投入到探索和思考中。

首先，教师可以为学生选择一些富有挑战性和探索性的活动主题。这些主题可以涉及数学中的各种问题，或者是与其他学科的跨领域问题。例如，可以引导学生探索几何形状中的规律，或者让他们解决与现实生活相关的数学问题。这样的活动主题能够引起学生的兴趣，激发他们的好奇心，为创新思维的培养奠定基础。

其次，活动场地的布置和教学工具的选择也是构建创新环境的重要方面。教师可以根据活动主题，为学生创造一个开放而富有创造性的学习环境。活动场地可以布置成鼓励自由探索和动手实践的区域，放置各种数学工具、教具和实验器材。学生可以在这样的环境中自由操作、观察、实验，通过直观感知和亲身体验，发现问题并寻找问题的解决方案。

最后，教师还应该鼓励学生进行合作学习，并培养他们的团队合作意识。创新思维常常需要在集思广益、互相激发的过程中产生。教师可以组织学生进行小组讨论、团队合作等活动，让他们在交流中分享思路、观点和方法，从而促进创新思维的碰撞和激发。

（二）包容学生犯错

在创新思维培养的过程中，学生犯错是不可避免的一部分。然而，传统教育往往过分关注学生的正确答案，而忽视了他们背后的思考过程和尝试。这种对错误的恐惧和不包容，可能会扼杀学生的创造力和积极性。

因此，在小学数学课外实践活动中，教师应该以包容的态度面对学生的错误。他们应该理解，错误是学生成长和学习的宝贵资源。当学生犯错时，教师不应该简单指出错误，而应该引导他们分析错误出现的原因，并从中吸取教训。这种引导方式能够让学生意识到错误并不可怕，重要的是要从错误中学习，不断调整自己的思考方向。

进一步地，教师还可以鼓励学生主动分享自己的错误和失败经验。在课堂上或小组活动中，学生可以相互分享自己在解决问题的过程中所遇到的困难和挫折，以及从中学到的宝贵经验。这样的分享不仅能够让学生彼此借鉴，还能够营造一个坦诚、开放的学习氛围，让学生在错误和失败中找到成长的动力。

包容学生犯错是培养创新思维能力的关键一环。学生只有敢于尝试、敢于失败，才能更加勇敢地面对挑战，更加深入地进行创新思考。教师应该用宽容和鼓励的态度，引导学生从错误中汲取智慧，让小学数学课外实践活动成为创新思维的摇篮。

（三）鼓励学生突破性探索思考

突破性探索思考是创新思维的核心，它要求学生超越常规的思维边界，寻找新的解决方案和思考方向。在小学数学课外实践活动中，教师可以通过多种方式鼓励学生进行突破性思考。

首先，教师可以设置一些非常规的问题或任务，激发学生的探索欲望。这些问题可以超越课本范围，涉及数学中的高级概念或与现实生活相关的复杂问题。例如，引导学生探索数列中的规律，并尝试推导出通项公式；或者让学生解决一个与几何、概率等多个知识点相关的综合性问题。这样的问题能够挑战学生的思维惯性，促使他们思考更深层次的数学规律和解决方法。

其次，教师可以采用开放式的任务设计，鼓励学生提出自己的问题和解决方案，不限制学生的思考方式，让他们自由发挥想象力和创造力。例如，可以引导学生进行观察实验、调查研究等活动，自己发现问题并设计解决方案。这样的任务能够培养学生的自主探究能力，让他们在实践中锻炼突破性思维。

最后，教师还可以引入一些数学竞赛、数学研究等活动，让学生接触到更高水平的数学问题和挑战。参与竞赛和研究项目能够让学生接触到更广泛的数学知识领域，与优秀的同龄人一起学习和交流，激发他们的突破性思考。同时，这样的活动也能够给予学生展示自己创新成果的机会，增强他们对突破性思考的自信和成就感。

（四）训练学生的发散思维和逆向思维

发散思维和逆向思维是创新思维的重要组成部分。在课外实践活动中，教师可以通过一系列任务设计专门训练学生的发散思维和逆向思维。

对于发散思维，教师可以设计“一题多解”的活动，让学生面对同一个问题时，尝试提出多种不同的解决方案。这样的活动能够鼓励学生打破思维定式，从多个角度去思考问题，寻找到更多的可能性和答案。同时，教师还可以引导学生进行头脑风暴、联想等发散思维训练，激发他们的创造力和想象力。

对于逆向思维，教师可以设计“由果索因”的任务，让学生面对一个已知的结果，反向推导出问题的起因和解决方法。这样的任务能够帮助学生培养逆向思维，使他们具备从结果出发倒推问题的能力。此外，教师还可以引导学生进行逆向证明、逆推法等逆向思维训练，提高他们思维的灵活性和深度。

第三节 跨学科综合应用

小学数学课外实践作业中的跨学科综合应用，为学生提供了一个丰富多彩的学习体验。通过结合科学、技术、工程、艺术等其他学科的知识，学生们能够在解决数学问题的过程中拓宽视野，激发创造力。这种跨学科的综合应用，不仅能够促进学生数学知识的巩固和深化，还能够培养他们的综合思维和解决问题的能力。在这样的实践作业中，学生们能够感受到数学与其他学科的紧密联系，以及数学在现实生活中的应用价值，从而更加热爱数学，乐于探索和创新。

一、基于STEAM理念的小学数学课外实践作业设计

STEAM教育是一种先进的教育理念，它融合了科学、技术、工程、艺术和数学等多个学科，打破传统的单一学科的教学模式。在STEAM教学实践中，教师们重视创设富有情境性、协作性、跨学科性和趣味性的学习环境，以激发学生对知识的好奇心和探索欲望。这种教学模式强调将跨学科知识融入课堂，鼓励学生在实践中掌握知识和技能，并提升自我创新和创造的能力。因此，STEAM教育的核心在于整合各学科知识，通过项目学习的方式，帮助学生在实际操作中学习和成长，培养创新思维和解决问题的能力，从而更好地适应未来社会的发展需求。这种教育模式着眼于学生的全面发展，注重知识与能力的融合，是当代教育中一种具有前瞻性和创新性的教育理念。

（一）STEAM理念下小学数学课外实践作业设计的变化

在STEAM教育理念下，我们的教学目标从“双基”扩展为“四能”，通过构建探究性问题情境，启迪学生思维，培养其解决问题的能力；教学方式由常规倾向活动化，设计多样化的学习活动，让学生在实践中学习、在探究中成长；教学内容从单一走向多样化，跨学科整合应用，提升学生综合素养；教学评价由静止转向动态化，推行无纸化星级评价方式，综合评价学生的知识与能力，以培育其综合素养。

1. 教学目标由“双基”变为“四能”

在STEAM教育理念下，我们的教学目标从传统的“双基”（基础知识和基本技能）转变为“四能”（知识能力、实践能力、创新能力和跨学科能力）。

首先，知识能力依然是我们教育的基础目标。我们需要学生通过学习掌握相应的数学知识和技能，理解数学概念，掌握数学方法。

其次，实践能力是STEAM教育理念强调的重要目标。学生需要将所学的数学知识应用于实际问题中，通过实践活动，提升自己的问题解决能力。例如，通过测量土豆的体积，学生可以将所学的体积知识应用于实践中，解决实际问题。

再次，创新能力是STEAM教育理念的核心价值。我们希望学生在学习和实践的过程中，能够发现问题，提出问题，并尝试用新的方法解决问题。这种创新能力有助于学生在未来的生活和工作中更好地应对挑战。

最后，跨学科能力是STEAM教育理念的新目标。我们希望学生能够将数学与其他学科知识进行融合，提升综合素养。例如，在测量土豆体积的过程中，学生不仅需要数学知识，也需要运用科学知识来理解土豆的形状和结构，这就需要学生具备跨学科的知识和能力。

2. 教学方式从常规倾向活动化

在STEAM教育理念下，教学方式从常规的讲授、练习转变为活动化的方式，这是一种以学生为中心，以活动为载体，以问题解决为目标的教学方式。

首先，活动化的教学方式强调学生的主动性和参与性。在课堂中，学生不再是被动的接受者，而是积极的参与者。他们通过亲身参与活动，实践操作，探究问题，获得直接的经验和感知。这样的方式更能激发学生的学习兴趣，提高他们的学习积极性。

其次，活动化的教学方式也促进了学生的合作学习。在活动中，学生需要分组协作，共同解决问题。他们通过交流、讨论、协商，达成共识，形成团队的合力。这样的过程不仅能培养学生的合作精神和团队意识，也能提高他们的沟通能力和人际交往能力。

再次，活动化的教学方式还鼓励学生的创新思维。在活动中，学生需要面对真实的问题，他们需要思考、尝试、创新，寻找解决问题的新方法。这样的过程能够培养学生的创新思维和解决问题的能力，为他们未来的生活和工作奠定基础。

最后，活动化的教学方式使得学习与生活的联系更加紧密。通过活动，学生能够将所学的知识应用到实际生活中，解决实际问题。这样的学习方式使得学习不再枯燥无味，而是充满了乐趣和挑战。

3. 教学内容从单一走向多样化

在传统数学教学中，教学内容往往局限于单一的数学知识，缺乏与其他学科的交叉融合。然而，在STEAM教育理念下，教学内容从单一走向多样化，实现了跨学科整合。

首先，多样化的教学内容意味着引入其他学科的知识与数学概念相结合。例如，在教学人教版小学数学三年级下册“年、月、日”一课中，除了传统的数学知识外，还可以结合科学课中的天体运动知识来解释平年、闰年的概念及排列规律。这样可以让学生更好地理解数学中的时间单位与真实世界中的运动规律之间的联系。

其次，多样化的教学内容也包括引入真实世界的问题和案例。例如，在数学课堂中，可以引导学生解决真实生活中的问题，如测量土豆的体积、规划班级联欢会的方案等。通过将数学知识应用于实际问题中，学生能够更好地理解和应用所学的知识，提高解决实际问题的能力。

最后，多样化的教学内容还可以通过引入工程、技术、艺术等元素来实现。比如，在数学教学过程中，可以让学生进行手工制作或设计活动，如制作日历、设计时间规划表等。这样的活动不仅能培养学生的创造力和想象力，还能提升他们的工程技术素养和艺术素养。

4. 教学评价由静止转向动态化

传统的教学评价往往是静止的，主要以学生的考试成绩作为评价标准。然而，STEAM教育理念更倾向于动态化的评价方式。

动态化的评价方式意味着不再只关注学生的最终成绩，而更加关注学生的学习过程和学习进步。教师会观察学生在解决问题过程中的表现，评价他们的学习态度、合作精神和创新能力。例如，在苏教版小学数学五年级上册“班级联欢会”的综合实践课中，评价学生的标准不仅仅是他们最终的组织成果，更重要的是他们在整个过程中的表现，如制订计划的能力、团队合作的能力、解决问题的能力等。

同时，动态化的评价方式也意味着需要采取多样化的评价方式。除了传统的考试方式外，还可以采用作品展示、口头报告、实践操作等多种方式进行评价。例如，在STEAM课程中，学生可以通过制作一个创意作品来展示他们所学的知识和技能，教师可以通过观察他们的作品和制作过程，评价他们的学习效果。

总的来说，动态化的评价方式更能真实全面地反映学生的学习情况和进步，同时也能激励学生更加积极地投入学习。

（二）STEAM理念下小学数学课外实践作业设计的探索

在STEAM理念下，小学数学教学设计需注重跨学科的学习与实践，通过创设体验式教学情境、设定自由作业，培养学生创造力与自学能力，同时以技术元素驱动数学网络活动开发，实现STEAM理念与小学数学教学的深度融合，全面提升学生的综合素养与实践能力。

1. 改变教学设计

在STEAM理念下，小学数学教学设计需要更加注重跨学科的学习和实践，让学生能够将数学知识与其他学科知识相互融合，形成综合性的认知和能力。为了实现这一目标，教师需要改变传统的教学观念，将STEAM理念融入教学设计。例如，可以设计一些基于真实问题的探究性学习任务，引导学生通过实践、调查、观察等方式，自主探究解决问题的方法和策略。同时，教师还需要注重学生的合作学习，让学生在小组中互相协作、交流，共同完成任务，以培养其团队合作和沟通的能力。

2. 创设体验式教学情境，提高学生的创造力

为了落实STEAM教育理念，教师需要创设体验式教学情境，让学生在实践中学习和掌握知识。例如，在数学教学中，可以引导学生通过动手实践、亲身体验的方式，探索数学规律和解决问题的方法。同时，教师还可以借助各种教育技术和工具，如3D打印、机器人等，让学生在实践中体验和掌握先进的科学技术，培养其科技素养和创新能力。通过这样的教学方式，学生能够更好地理解和掌握知识，提高学习效果，激发创造力。

3. 合理设定自由作业，帮助学生有效进行创意设计

在STEAM教育理念下，小学数学教学需要注重学生实践能力和创新能力的培养。因此，教师可以为学生设置一些自由作业，引导学生将数学知识与其他学科知识融合，进行创意设计。例如，可以让学生设计一个结合自己的兴趣和实际问题的数学模型，或者让学生运用数学知识解决一个实际生活中的问题。这样的自由作业能够充分发挥学生的创造力和想象力，培养其跨学科思维和解决问题的能力。

4. 注重提高学生的自学能力

基于STEAM理念的小学数学教学不再仅仅关注知识的传授，而更加重视学生自学能力的培养。自学能力作为学生未来发展的重要基础，能够帮助他们有效筛选并整合信息，为深入学习新的数学知识打下基础。因此，教师在教学过程中应有意识地引导学生独立思考，解决问题，从而提高他们的自学能力。例如，教师可以布置一些需要学生自主查找资料、解决问题的课外作业，引导学生在完成过程中提高自我学习和解决问题的能力。

5. 以技术元素驱动数学网络活动的开发

在“互联网+”的背景下，STEAM教育理念与小学数学教学的融合可以充分利用网络技术元素，驱动数学网络活动的开发。教师可以借助网络平台，设计和开发富有趣味性和探索性的数学活动，引导学生通过网络学习、交流和实践。例如，教师可以创建在线数学学习社区，学生可以在社区中分享学习心得、解答问题、交流合作等。同时，教师还可以利用大数据分析技术，对学生的学习情况和需求进行实时监控和分析，以便更精准地指导学生的学习和发展。

二、小学数学综合实践活动的开展

由于数学综合实践活动是建立在学生已有经验的基础之上的，因此，教师需要深入理解教材、熟练掌握新课标的各项要求，并全面了解每个学生的具体情况。在此基础上，结合学校文化特色和当地实际情况，制订详细且连贯的数学综合实践活动计划，以确保活动的有效性和实用性。

（一）活动设计要求

设计数学综合实践活动计划要有明确的目标性，确保学生受教育的效果；要具备参与性，引导学生亲身经历和教与学互动；要保持开放性，尊重学生的个性发展；要培养独立性，鼓励学生自主选择并独立完成活动；还要体现创建性，随着活动的深入，不断创新和完善课程形态，以适应学生的实际需求。

1. 设计数学综合实践活动计划要有目的性

在中国的传统教育中，目的性明确是教学设计的核心。数学综合实践活动的设计也不例外。当教师为学生设计活动时，首先要有明确的思路和目标。这种目标不仅是教学的终点，更是教学的起点。因为只有明确了目标，整个教学过程才不会迷失方向。对于学生来说，明确的目标可以激发他们的学习动力。他们知道为什么要学习这个内容，学习后能达到什么样的效果。这样，学生在参与实践活动的过程中，会更有针对性地去探索、去思考。

例如，为了让学生理解几何图形，教师可以设计一个“搭建桥梁”的活动。学生需要使用不同形状的积木，搭建一个稳固的桥梁。在这个过程中，学生不仅需要动手搭建，还要动脑思考哪种结构最稳固、为什么这种结构稳固等数学问题。这样的活动目标明确，既能让学生理解几何图形，又能培养他们的实践能力。

2. 设计数学综合实践活动要有参与性

参与性是现代教育与传统教育的重要区别。过去，学生可能只是被动地接受知识，但现在，学生需要参与知识的生成过程。数学综合实践活动尤其如此，它强调学生的亲自参与和亲身经历。

想象一下，如果只是教师在黑板上讲解数学公式，学生记录下来，那么这样的教学效果是有限的。而当学生真正参与实践时，他们的体验会深刻得多。例如，为了理解面积的概念，学生可以亲手测量一个房间的长宽，然后计算其面积。这样的参与式学习，既能增强学生的学习兴趣，又能加深他们的理解。

3. 设计数学综合实践活动计划要有开放性

尊重每一个学生的个性发展是现代教育的重要理念。这意味着，教师在设计实践活动时，要考虑到不同学生的需求和兴趣。活动应该具有足够的开放性，允许学生根据自己的喜好选择学习的内容和方式。

例如，为了培养学生的逻辑思维，教师可以设计一个“数学游戏设计”的活动。学生可以根据自己的兴趣，设计一个简单的数学游戏。这样的活动，既能满足学生的个性化需求，又能培养他们的创造力。

4. 设计数学综合实践活动计划要有独立性

独立性与开放性紧密相连。在数学综合实践活动中，教师应鼓励学生独立选择学习目标、内容和方法。这并不是说教师要完全放手，而是要根据学生的实际情况进行必要的指导，确保学生在正确的道路上前进。这样，学生可以逐步培养出独立、完整的主体人格。独立性是数学综合实践活动的关键属性之一。在这种教学模式下，学生不再是被动接受知识的机器，而是积极参与、主动选择的学习者。数学综合实践活动的独立性，首先要求教师在活动设计中充分信任学生，尊重他们的学习意愿和选择。这意味着，教师应鼓励学生根据自己的兴趣、能力和学习目标，独立选择学习的内容、方法和进度。

然而，鼓励独立性并不等于教师可以完全放手。作为指导者，教师的作用至关重要。他们需要根据学生的实际情况，提供必要的引导和支持。这种指导可以是帮助学生明确学习目标，也可以是引导他们采用有效的学习方法。通过平衡学生的自主选择和教师的指导，可以确保学生在学习的道路上稳步前进，逐步培养出独立、自主的学习能力和完整的主体人格。

5. 设计数学综合实践活动计划要有创建性

创建性意味着活动不仅要适应学生的需求，还要鼓励学生创新。随着活动的深入，学生可能会发现新的问题，提出新的观点。教师应该鼓励这种创造性，与学生一同完善活动内容和目标。在这样的过程中，课程形态也会不断得到完善，更加贴近学生的实际需求。

为了实现创建性，教师应鼓励学生敢于挑战传统、尝试新的方法和思路。当学生在实践活动中遇到问题时，教师不要急于给出答案，而要引导他们思考、探索，提出自己的解决方案。学生可能会发现新的问题，提出新的观点，这些都是他们创造性思维的体现。

同时，创建性也要求教师在活动设计中保持开放和灵活。随着活动的深入，教师和学生可能会发现原有的设计存在的不足或局限，这时就需要对其进行及时的调整和完善。这种调整和完善不仅是内容的更新，更是教学方法和策略的升华。通过这样的过程，数学综合实践活动不仅能更好地贴近学生的实际需求，还能不断焕发新的活力和创意。

（二）活动设计策略

通过科学选择内容、精心策划活动、精心设计练习，能够让学生深入感受数学在生活中的广泛应用与实际应用价值；同时，借助多媒体信息技术和充分利用网络资源，能够丰富学生的感官体验、拓宽他们的数学知识面，让他们更好地理解和应用数学知识，感受到数学世界的丰富多彩。

1. 科学选择内容，注重知识的实践应用

在数学教育中，实践活动的选择和设计是至关重要的。要将数学知识应用到实际生活中，让学生感受到数学的实用性，首先需要教师科学选择内容，确保内容既贴近学生的实际生活，又易于他们操作。例如，在教授利息知识后，可以设计实际的存款、取款情境，让学生通过模拟操作，深入理解利息的计算和应用。这样的活动不仅能让学生复习课本知识，还能锻炼学生的实践能力和问题解决能力，让他们感受到数学知识是实实在在的。

当教授学生关于“面积”的知识时，可以选择一些与学生实际生活相关的内容进行实践应用。比如，让学生测量自家房间的长和宽，并计算出房间的面积。学生可以通过实际操作，运用测量工具和数学知识，亲身感受面积的概念和计算方法。这样的实践活动不仅贴近学生的实际生活，还能培养他们的观察、操作和问题解决能力。

2. 精心策划活动，感受身边处处有数学

要让学生在生活中感受到数学的存在，教师需要深入挖掘身边的数学教材，精心设计活动。例如，可以组织学生去邮局、信用社调查当前的利率和一些存储知识，让学生亲身体验数学在现实生活中的应用。通过这样的实践活动，学生能更深入地了解数学知识的实际应用，培养观察力和应用能力。

为了让学生感受到身边处处有数学，教师可以策划一些与日常生活相关的数学活动。例如，在教授“比例”知识时，可以组织学生进行身高、体重比例的测量活动。学生们可以互相测量身高和体重，并计算比例。通

过这样的活动，学生可以真实感受到比例在身体特征中的应用，加深对比例概念的理解，并从中体会到身边处处有数学。

3. 精心设计练习，强化数学与生活的联系

为了强化数学与生活的联系，教师可以精心设计练习，引导学生思考生活中存在的各种各样的问题。例如，在教学“圆的认识”时，可以设计练习让学生找出生活中的圆形物体，并思考为什么这些物体选择圆形设计。这样的练习不仅能提高学生的观察力和思考能力，还能让他们更深刻地理解数学在生活中的广泛应用。

精心设计练习可以帮助学生强化数学与生活的联系。举个例子，当教授“百分数”时，教师可以设计一道与实际购物相关的练习题。比如，小明去商店买文具，他有10元，商店的铅笔打九折，原价1元一支，他最多能买多少支铅笔？这样的练习题目将百分数的知识与实际购物场景相结合，能让学生在解决问题的过程中感受到数学在现实生活中的应用价值。

4. 借助多媒体信息技术，感受数学世界的丰富多彩

多媒体信息技术能为数学教学提供丰富的素材和场景，让学生更直观地感受数学的魅力。例如，在教学轴对称图形时，可以通过多媒体展示世界各地的对称建筑和图案，让学生欣赏对称美的同时，深入理解轴对称的概念和性质。

多媒体信息技术在小学数学教学中可以发挥重要作用。例如，当教授“三维形状”的知识时，利用多媒体展示各种立体形状的三维效果图，让学生能够通过视觉感知更直观地理解形状的特性和空间关系。这样的展示方式能够丰富学生的感官体验，让他们更好地感受到数学世界的丰富多彩。

5. 充分利用网络资源，拓宽学生数学知识面

网络资源为数学教学提供了无限的可能。教师可以引导学生合理利用网络资源，查找与学习内容相关的资料和信息，拓宽自己的数学知识面。例如，在学习时间单位后，可以让学生上网查找与时间单位相关的趣味知识和实际应用案例。这样不仅能激发学生的学习兴趣，还能培养他们的自主学习能力和信息筛选能力。

（三）综合实践活动实践探索——以“劳动”和“数学”跨学科融合为例

整合劳动教育与小学数学教学，可增强二者的“增值”效能。劳动教育使学生整合数学知识与直观表象，让数学练习更富教育意义，能够减轻学生的学习负担，培养学生的劳动观念。学生通过实践活动展现创新能力，建立紧密人际关系，促进家校互动，实现劳动教育目标，优化道德品质和劳动技能。

1. 减少教育活动的刻意性

在教育过程中，过于刻意的教育活动容易引发学生的反感，尤其是小学生，他们的天性使他们更加倾向于自然、有趣的学习方式。因此，在整合劳动教育与小学数学教学时，教师应避免过多的刻意性教育，而是从学生的实际需求和兴趣出发，设计有趣且富有教育意义的实践活动。比如，教材中涉及的背土豆（北师大版小学数学一年级上册）、营养午餐（人教版小学数学四年级下册）等内容，可以结合实际生活，让学生在家中参与相关的劳动，然后与学校中的数学知识相结合，使学生在实践中掌握相关知识。这样，不仅能提升学生的认可度与参与度，还能培养其劳动观念，实现教育的真正目标。

2. 让学生参与教学工具的制作

让学生亲手制作教学工具，不仅可以增强他们的实践能力，还能帮助他们更深入地理解数学知识。例如，在教学人教版小学数学四年级下册“观察物体（二）”时，教师可以引导学生制作各种立体图形的模型。从设计、选材到动手制作和修饰，学生都全程参与，这样不仅能培养他们的动手能力，还能让他们在制作过程中理解立体图形的结构和特点。制作完成后，学生可以通过展示和交流，进一步提升自信心和学习兴趣。

3. 应用教材资源的二次开发改变教学模式

为了更好地整合劳动教育与小学数学教学，教师可以深入挖掘教材内容，发现其中与劳动相关的元素，并以此为基础改变教学模式。例如，利用课本上的主题图，引导学生发现图中的劳动场景和劳动工具，然后结合数学知识进行教学。同时，还可以利用数学史等教材资源，让学生了解数学家的劳动精神和科研成果，从而培养他们的劳动意识和科研探究精神。

4. 推进生活化实践以培养学生的劳动能力

数学知识的学习最终要应用于生活，而劳动教育也是为了让学生更好地适应社会生活。因此，在教学过程中，教师应注重生活化实践，让学生在实践中运用所学知识，培养劳动能力。例如，在学习人教版小学数学三年级下册“面积和面积单位”后，可以组织学生开展测量面积的实践活动。学生可以通过自制“面积尺”，测量教室、家庭等场所的面积，这样不仅能锻炼他们的实践能力，还能让他们更加深入地理解面积的概念和应用。同时，可以邀请家长在这一过程中提供支持和指导，促进家校共育，共同培养学生的劳动能力和劳动习惯。

第四节　合理运用信息技术

在小学数学课外实践活动中，合理利用信息技术为学生打开了一扇通往广阔数学世界的大门。通过信息技术的辅助，教师可以将抽象的数学知识呈现得生动有趣，激发学生的学习兴趣和探索欲望。信息技术还能提供丰富的互动环节和虚拟实验环境，让学生们亲身参与数学问题的解决过程，培养他们的实践能力和创新思维。因此，合理利用信息技术成为小学数学课外实践活动中不可或缺的一部分，它能使学生在快乐的氛围中感受数学的魅力，开拓数学学习的视野。

一、信息技术在小学数学课外实践作业的设计与实施中的地位和作用

信息技术在小学数学课外实践作业的设计与实施中不仅能够丰富作业的形式，使得作业内容更为生动有趣，还能提高学生完成作业的效率与质量，为学生提供一个自主学习、自我检测的平台。对于教师而言，信息技术也能够为其提供更为精准、个性化的教学辅助手段，使得教学更为高效、有针对性。因此，教师应当更深入地研究和应用信息技术，使其在小学数学教学中发挥更大的作用。

（一）作业设计的辅助工具

在小学数学课外实践作业的设计中，信息技术作为辅助工具起到了至关重要的作用。它不仅能够将作业内容呈现得更加生动有趣，还能够提升

学生的学习效果。通过信息技术的运用，教师可以将图像、声音、动画等多媒体元素整合到作业中，让学生在视觉、听觉等多个感官上得到刺激，从而更深入地理解和掌握数学知识。

例如，当教师在设计关于几何形状的课外实践作业时，可以利用信息技术嵌入3D动画。学生可以通过旋转、缩放等操作，直观感受不同角度下的形状变化，加深对几何形状特性和空间关系的理解。这样的作业设计不仅能激发学生的学习兴趣，还能培养他们的空间想象能力。

此外，信息技术还为作业设计提供了互动环节的可能性。教师可以设计数学小游戏或者在线互动题目，让学生在完成作业的过程中参与其中。通过互动，学生可以在轻松愉快的氛围中巩固所学知识，同时也能够提高思维敏捷度和反应能力。

（二）提供更广阔的学习资源

信息技术在小学数学课外实践作业中的另一个重要作用是提供广阔的学习资源。传统的数学学习往往受限于纸质教材和参考书，而信息技术的运用可以让学生接触到更丰富的数学知识和学习材料。

通过信息技术，学生可以访问各种在线数据库，查找与作业相关的背景资料、例题、解题方法等。这些资源可以帮助学生更好地理解作业要求，也能为他们提供更多的学习思路和解题方法。此外，网络上还有众多的数学学习网站和平台，学生可以通过观看教学视频、参与在线讨论等方式，深入探究数学知识的各个方面。

（三）实时的反馈和评估机制

实时的反馈和评估机制是信息技术在小学数学课外实践作业中的又一重要应用。传统的作业批改方式往往需要教师花费大量的时间和精力，而且学生只能在作业发回后得知自己的错误和不足。而信息技术中的智能评测系统可以即时对学生的作业进行评估和反馈，帮助学生及时发现并纠正错误。

智能评测系统可以根据作业的答案和解题步骤，快速准确地判断学生的答案是否正确，并给出相应的评分和解析。同时，系统还可以提供错题解析、方法建议等个性化反馈，帮助学生找出问题所在，并提供解决问题的思路和方法。这种实时的反馈机制不仅能够提高学生的学习效果，还能够培养他们的自主学习和问题解决能力。

二、合理运用信息技术的技巧

通过充分利用信息技术的优势，并考虑到学生对技术的熟悉度，教师可以为小学数学课外实践作业提供全方位的技术支持，结合传统作业形式以巩固基础知识和训练思维，同时增强作业的交互性，从而创造一种高效、有趣且富有创新性的学习体验，帮助学生更好地掌握数学知识、提升学习效果。

（一）适应学生的技术熟悉度

现代的小学生被称为数字原生代，他们在日常生活中与各种数字技术和应用程序紧密互动。他们对于智能手机、平板电脑和计算机等设备的操作非常熟悉，甚至可以说是与生俱来的技能。因此，当我们考虑在小学数学课外实践作业中运用信息技术时，与学生的这种技术熟悉度相结合是非常重要的。

在这种背景下，适应学生的技术熟悉度意味着教师需要认识到学生已有的技术能力和经验，并巧妙地将这些技术整合到课外实践作业中。例如，教师可以利用学生常用的应用程序或在线工具来设计作业。通过在作业中使用这些熟悉的技术工具，可以提高学生的参与度和完成作业的积极性。学生对于自己熟悉的工具会更乐意去探索和实践，这样的作业设计更贴近他们的日常经验，有助于激发他们的学习兴趣。

然而，需要注意的是，虽然学生对技术工具比较熟悉，但他们的技术能力和操作范围仍然是有限的。因此，在运用信息技术设计课外实践作业时，教师必须确保所使用的技术操作在学生已掌握的技能范围内。过于复杂的技术操作可能会给学生增加不必要的困扰，影响他们的学习体验。

教师要通过简单明了的技术指导，帮助学生顺利使用作业中涉及的技术工具，确保他们能够专注于数学内容的学习和实践，而不是被技术难题所困扰。

（二）增强作业的交互性

交互性是信息技术为小学数学课外实践作业带来的重要优势之一。传统的纸质作业通常只是单向的信息传递，学生完成作业后只能等待教师的批改和反馈。然而，通过信息技术的运用，教师可以利用在线平台等工具为学生提供实时交互的机会。

当学生在完成作业时，他们可以通过在线平台实时提交答案，并立即获得系统的反馈。这种即时反馈机制可以让学生及时得知自己的答案是否正确，并发现其中的错误和不足。学生可以根据反馈及时纠正错误，巩固所学知识，从而提高学习效果。同时，这种交互性也能增加作业的趣味性。学生可以通过与系统的互动，感受到作业的活跃性和响应性，从而更加投入其中。

除了学生与系统之间的交互，信息技术还可以支持学生之间的交互。教师可以设计一些需要合作与交流的作业任务，让学生在线上进行团队讨论和协作。学生可以通过在线聊天、共享文档等功能，实时交流思路和方法，促进彼此之间的合作与学习。这种交互性不仅可以培养学生的团队合作能力，还能够激发他们的思维碰撞和创新精神。

（三）提供必要的技术支持

在信息技术广泛应用于小学数学课外实践作业的背景下，提供必要的技术支持显得尤为重要。尽管学生对技术工具相对熟悉，但在使用过程中，难免会遇到一些技术问题。这些问题可能涉及软件操作、工具应用等方面。为了确保学生能够顺利、高效地完成作业，教师应为其提供全方位的技术支持。

首先，教师可以设置一个在线帮助中心。在这个中心里，教师可以为学生提供详细的操作指南，包括图文并茂的步骤说明、常见问题解答等。

学生通过在线帮助中心，可以自主查找解决问题的方法，快速解决遇到的技术问题。

其次，教师还可以提供技术支持热线。当学生在完成作业过程中遇到难以解决的技术问题时，可以通过技术支持热线与教师或技术人员取得联系。教师和技术人员应耐心倾听学生的问题，并及时给予解答和指导，确保学生能够顺利解决问题，继续完成作业。

最后，教师还可以定期组织技术培训课程或工作坊，针对学生在使用信息技术过程中可能遇到的问题进行集中讲解和培训。这样可以帮助学生更好地掌握所需的技能，提高他们自主解决问题的能力。

（四）结合传统的作业形式

虽然信息技术为小学数学课外实践作业带来了诸多便利和新的可能性，但传统的作业形式仍然具有其独特的价值。传统的作业形式往往注重学生的基础知识掌握和思维训练，而信息技术则更多地提供了互动性和创新性。因此，教师在设计课外实践作业时，应将传统作业形式与信息技术有机结合，使学生在享受技术便利的同时，也能感受到传统作业的深度。

具体而言，教师可以在作业设计中融合纸质作业与在线作业的形式。例如，一些基础知识和计算题可以采用纸质作业的形式，让学生通过笔算、手绘等方式完成作业。这样可以训练学生的基本技能和思维能力。而一些需要互动、创新的题目，则可以利用信息技术将其设计成在线作业，让学生在网络平台上进行操作和提交，这样可以充分发挥学生的创造力和想象力。

第五章

信息技术赋能“双新”背景下小学数学课外实践性作业案例

信息技术赋能“双新”背景下小学数学课外实践性作业案例，为我们呈现了信息技术是如何在实际教学中发挥作用，使数学教学更加生动有趣，并有效提高学生数学素养的。在数学知识应用的课外实践性作业案例中，学生们通过信息技术平台，接触到真实世界中的数学问题，并运用所学的数学知识进行解决。这种作业方式不仅能巩固学生的数学知识，更能让他们体验到数学在实际生活中的应用价值。

数学文化学习的课外实践性作业案例则展示了如何通过信息技术引导学生探究数学的历史、发展和文化内涵。学生们可以通过网络查找资料，制作数学文化主题的PPT或视频，与同学们分享学习心得，从而更全面地了解数学的魅力。在数学思维培养的课外实践性作业案例中，信息技术为学生提供了丰富的学习资源和工具，帮助他们锻炼逻辑思维、创新思维等关键能力。例如，通过编程解决数学问题，学生们可以在实践中培养算法思维，提高解决问题的能力。根据实际情况，教师还可以设计更多富有创意和实效性的课外实践性作业案例。例如，结合数学与艺术的跨学科案例，让学生利用数学原理创作艺术作品，或者设计基于大数据的数学探究项目，让学生在分析中感受数学的魅力。由上可见，信息技术为“双新”背景下的小学数学课外实践性作业设计提供了丰富的可能性和实施途径。这些生动而具有实际意义的案例，展示了信息技术是如何赋能数学教学，使学生在实践中成长、感受数学的魅力。

第一节　数学知识应用的课外实践性作业案例

在21世纪的数字化时代，学生们身处一个充满信息技术的环境中，对于智能手机、平板电脑和计算机等数字工具的应用游刃有余。这样的技术熟悉度为他们提供了更广阔的学习平台和更丰富的学习资源。然而，如何巧妙地将这些技术整合到学习中，使之与学科知识相结合，提升学生的学习效果，是当前教育面临的重要议题。数学作为一门抽象性较强的学科，常常需要学生将其知识运用到实际生活中去解决各种问题。例如比例，作为数学知识中的一个重要概念，有着广泛的应用。无论是在建筑设计中，还是在艺术、科学、日常生活中，比例都扮演着不可或缺的角色。基于上述背景，本次小学数学课外实践性作业旨在通过信息技术的运用，让学生深入探索“比例”在现实生活中的应用。希望通过这样的作业设计，能够帮助学生在完成作业的过程中巩固和运用比例知识，并感受到数学与现实生活的紧密联系，激发他们的学习兴趣和动力。同时，也期望通过这样的实践性作业，能培养学生的探索精神、实践能力与创新思维，为他们日后的学习和生活打下坚实的基础。

一、作业主题

比例之美——现实生活中的应用探索与创意实践。

此作业主题突出了比例在现实生活中的美感和实用性，并强调了学生对比例应用的探索和创意实践。这样的主题能够引起学生的兴趣，引导他们主动探索比例的应用，并运用比例知识进行创意实践，从而深入理解和掌握比例的概念。

二、作业设计目标

（一）深入理解比例的概念与性质

通过实践和探索，学生将能更深入地理解比例的概念和性质，包括比例的定义，比例的性质，比例与分数、百分数的关系，等等。学生将能够清晰地解释比例的含义，并理解比例在现实生活中的重要性。

（二）运用比例知识解决现实问题

学生将能够运用比例知识解决现实生活中的各种问题，如计算物体的缩放比例、理解地图上的比例尺、判断物体形状的比例关系等。通过实际操作和应用，学生将增强对比例知识的理解和运用能力，并培养将数学知识应用于实际情境的能力。

（三）培养实践能力与创新思维

通过探索性学习和实践活动，学生将发展他们的实践能力和创新思维。他们将学会观察和分析现实生活中的比例问题，提出解决方案并付诸实践。此外，学生将有机会设计创意作品，展示他们对比例美的独特理解和应用，从而培养想象力和创造力。

三、作业难点

在作业中增加的难点部分，主要集中在对学生分析问题深度的要求上。这一难点的设定，是为了培养学生的分析能力和批判思维，使他们不仅仅停留在表面的知识应用上，而是能够深入理解比例在实际问题中的运用。

为了达到这一难点要求，学生需要超越简单地找出比例的例子，进一步分析为什么这个比例被选择。这涉及对实际问题的深入理解和分析，学生需要考虑各种因素，比如美观、实用性、经济效益等，从而理解比例选择的合理性。同时，学生还需要分析比例的优点和可能的缺点，这更需要其对比例知识有深入的理解，才能做出准确的分析。

此外，学生需要应用更高级的比例知识，如相似比例、复合比例等。这些知识在数学中属于较高级的内容，要求学生具备较高的理解能力和应用能力。作业难点部分的设计，有助于提升学生对比例知识的理解和掌握程度，同时也为他们数学思维的发展铺设了道路。

四、作业重点

本次作业的重点在于让学生理解比例在现实生活中的应用，并运用比例知识解决实际问题。这一重点体现了数学教育的核心价值，即让学生将数学知识与实际生活相结合，提升他们提出问题和解决问题的能力。同时，通过创意设计的环节，学生的创新思维和实践能力能够得到重点培养。这种重点的设定有助于激发学生的创造力，让他们在设计过程中体验数学的魅力，锻炼他们的实践能力。

五、作业特点

本项作业具有鲜明的探索性、实践性和创新性特点。这些特点的凸显，对于提升学生的自主学习能力和创新思维具有重要的作用。

探索性特点体现在，学生需要自主寻找比例的例子。这不仅是一个知识应用的过程，更是一个发现新知识、理解新知识的过程。在这样的任务驱动下，学生的探索精神能够得到充分的激发和培养。

实践性特点则体现在分析问题和创意设计两个环节。学生需要将所学的比例知识应用到实际问题中，通过实践操作来深化理解、强化记忆。这样的实践过程有助于学生形成对知识的深度理解和熟练运用。

创新性特点在创意设计中得到了充分体现。学生需要运用比例知识进行创新设计，这对他们的创新思维提出了较高的要求。学生需要充分发挥想象力和创新精神，打造出独特且符合比例美的设计作品。这样的创新实践有助于培养学生的创新思维和创新能力，为他们未来的发展打下良好的基础。

六、作业内容

（一）探索任务

在探索任务中，学生被要求寻找生活中与比例有关的实际例子。这是一个开放性的任务，鼓励学生走出课堂，关注现实生活，发现比例在各个领域的应用。学生可以通过观察建筑物，注意到比例在建筑设计中的重要性，例如古希腊的帕特农神庙，其柱子的高度与宽度之间的比例关系，赋予了神庙稳定和谐的美感。

同样，在艺术领域，学生可以探索黄金分割比例在画作中的应用。许多著名画家的作品中，如达·芬奇的《蒙娜丽莎》运用了黄金分割比例，使得画面更加和谐、平衡。

此外，科学领域中的比例应用也不容忽视。学生可以研究生物体中的比例关系，如蝴蝶的翅膀图案与其身体大小的比例，或者化学反应中原料的比例关系对产物性质的影响。

日常生活中的比例例子更是比比皆是，如烹饪中的食材比例、服装设计中的图案比例等。学生可以通过照片、视频或文字记录下这些例子，为后续的分析和设计提供素材。

（二）分析问题

在分析问题阶段，学生需要选择一个在探索任务中找到的比例例子，运用所学的比例知识对其进行深入分析。这要求学生具备扎实的比例知识基础，能够理解和计算比例关系。

以建筑物为例，学生可以选取一个具体的建筑，分析其长宽比、高宽比等关键比例关系。这些比例关系不仅影响建筑的稳定性，还与建筑的美观度息息相关。学生可以通过计算和比较，探讨设计师是如何运用比例知识来塑造建筑的外观和内部空间的。

（三）创意设计

创意设计阶段是学生展示创新精神和实践能力的环节。在这一阶段，学生需要运用比例知识，设计一个与比例有关的小作品。这可以是一个建筑设计方案，也可以是一个图案设计、故事或其他形式的创作。

学生可以在设计中尝试不同的比例关系，探索比例变化对作品美感的影响。比如，在图案设计中，学生可以尝试运用黄金分割比例，创作出和谐且富有动感的图案；在建筑设计中，学生可以通过调整建筑的长宽比、高宽比，制作出独特而稳定的建筑造型。

（四）分享交流

最后的分享交流环节，是学生之间相互学习、共同进步的重要机会。学生需要将探索任务的结果、分析过程和创意设计作品制作成一份报告，并在线上与同学们分享。

通过在线平台，学生可以展示自己的作品，并与同学们进行深入的交流和讨论。他们可以分享自己在探索和分析过程中的心得体会，也可以从其他同学的作品中获得启发和灵感。这样的分享交流有助于拓宽学生的视野，提升他们的沟通与合作能力。

七、技术支持

（一）在线平台

在现代化教育中，在线平台已经成了不可或缺的一部分。对于课外实践性作业来说，一个高效、稳定的在线平台能够大大提高学生的参与度和完成度。教师提供的在线平台，不仅作为学生提交作业的渠道，更是他们交流思想、分享创意的空间。

这样的在线平台应具备图文并茂的编辑工具，保证学生在制作报告时可以轻松地插入图片、调整文字格式，使报告内容更加生动形象。同时，平台还应支持多种文件格式上传，让学生能够根据实际需要选择合适的格式提交作业。

为了确保平台的稳定性和易用性，教师和技术团队应对平台进行定期的维护和更新，确保其功能完善、界面友好，满足学生的使用需求。

（二）操作指南

操作指南是学生在使用在线平台时的“引路人”。一份详细、清晰的操作指南，可以帮助学生快速熟悉平台功能，顺利完成作业。

操作指南应包括作业提交的步骤、交流功能的使用方法等内容。除了文字描述外，还可以配以截图和箭头等图示，使学生更直观地了解操作流程。此外，操作指南应采用简洁明了的语言，避免使用过于专业的词汇，确保所有学生都能理解并按照指南进行操作。

在作业的开始阶段，教师可以专门安排一节课时间，为学生讲解操作指南，并现场示范如何使用在线平台。这样可以确保每位学生都能掌握平台的使用方法，为后续的作业提交和交流打下坚实的基础。

（三）技术支持热线

即使有了详细的操作指南，学生也难免会在使用过程中遇到技术问题。为了解决这一问题，设立技术支持热线是非常必要的。

技术支持热线应为学生提供即时、专业的帮助。热线电话应设有专人值守，确保学生在遇到问题时能够及时得到解答。同时，技术支持团队应具备丰富的经验和专业知识，能够快速定位并解决学生遇到的技术问题。

除了电话支持外，技术支持团队还可以通过在线聊天、邮件等多种方式为学生提供帮助，满足学生不同的需求。

通过以上的技术支持手段，本次课外实践性作业得以顺利进行。学生不仅能够在现实生活中找到数学的应用，提高实践能力和创新思维，还能通过在线平台的交流增强互动与合作。这样的作业形式不仅能丰富学生的学习体验，更能为他们提供一个展示自我、交流思想的平台，真正实现学习与实践的完美结合。

八、作业评价维度

（一）完成度

评价学生的完成度是检验其是否按照要求，完整地完成了各项任务的关键。对于课外实践性作业而言，完成度不仅体现了学生的责任感和自律性，也反映了其对作业内容和目标的理解。

1. 探索任务

学生是否积极寻找生活中与比例有关的实际例子，并成功记录下这些例子；是否运用了照片、视频、文字描述等多种方式，丰富了记录的内容。

2. 分析问题

学生是否选择了一个恰当的比例例子进行深入分析，探讨比例在该例子中的应用；是否运用比例知识，分析了例子的优点和可能的缺点。

3. 创意设计

学生是否成功地设计了一个与比例有关的小作品；这些作品是否展现了学生对比例美的独特理解，并体现了他们的创意。

4. 分享交流

学生是否将他们的探索、分析和设计成果制作成报告，并与同学们进行在线分享；是否积极参与了交流，讨论了彼此的作品。

（二）深度

深度评价关注的是学生在分析问题时，是否足够深入地探讨了比例的优缺点以及是否运用了高级的比例知识。

学生是否对所选的比例例子进行了深入的分析，揭示了比例在其中的具体作用；是否进一步探讨了比例的优点，如为何选择这个比例、这个比例如何影响整体效果等；是否尝试探讨比例的可能缺点，比如在某些情境下可能造成的局限性。

在运用比例知识时，学生是否仅仅停留在基础层面，还是深入涉及了更高级的比例知识，如相似比例、复合比例等；是否能够熟练运用这些高级知识，进行深入的分析和比较。

（三）创新性

在评价学生的创意设计时，看重的是学生是否设计了新颖、有趣的作品，以及这些作品是否真正体现了比例美。

学生的作品是否具有原创性，是否展现了他们独特的思考和创意；这些作品是否运用了新颖的比例组合，打破了传统的限制。

同时，学生的作品是否真正传达了比例美；这些作品是否通过比例的运用，达到了视觉上的和谐与平衡，给人以美的享受。

（四）互动性

评价学生的互动性，主要是看他们在分享交流环节中，是否积极参与讨论，并对同学的作品提出了有建设性的意见。

学生是否热情参与讨论，积极与同学交流自己的看法和感受；是否能够对其他同学的作品给予建设性的评价和建议，推动大家共同进步。

综上可见，一个完善的作业评价不仅要看学生是否完成了任务，更要关注他们在完成任务过程中所展示的深度、创意和互动精神。这样的评价方式更为全面公正，更能够真实反映学生的学习效果和努力程度。

九、作业反思

完成作业后，教师需要进行反思，以完善作业设计、提升教学效果。本次课外实践性作业的设计旨在让学生通过探索现实生活中的比例应用，深入理解比例的概念与性质，并培养他们的实践能力和创新思维。从实施过程和学生的表现来看，这次作业设计有一定的成功之处，但也存在一些待改进之处。

（一）成功之处

1. 紧密结合现实生活

通过让学生寻找生活中的比例例子，成功地将数学知识与现实生活相结合，让学生意识到数学在解决实际问题中的重要性。

2. 培养学生综合能力

从探索、分析到创意设计和分享交流，本项作业涵盖了多个环节，有助于培养学生的观察、分析、实践和沟通能力。

3. 在线平台促进互动

通过在线平台，学生不仅可以提交作业，还可以与同学交流，分享自己的创意和看法，增强了学生之间的互动与合作。

（二）待改进之处

1. 作业难度梯度设计

部分学生在分析问题时，表现出对高级比例知识掌握不足。未来可以考虑在作业设计中增加难度梯度，以适应不同学生的需求。

2. 加强技术支持

尽管设立了技术支持热线，但在实施过程中仍有少数学生遇到技术问题。未来可以加强技术团队的配备，确保学生在使用过程中得到及时、有效的帮助。

3. 评价体系的细化

虽然评价体系涵盖了完成度、深度、创新性和互动性四个方面，但在实际操作中仍有些笼统。未来可以进一步细化评价标准，使之更具操作性和公平性。

由此可见，本次课外实践性作业设计在某些方面取得了一定的成功，但仍存在改进空间。通过反思和改进，可以更好地满足学生的学习需求，促进他们的全面发展。

第二节　数学文化学习的课外实践性作业案例

以“我国古代数学家的故事与事迹”为主题，邀请学生一同穿越时空，深入了解我国古代数学家的杰出贡献与智慧。通过收集资料、分享故事、数学应用和创意展示等环节，学生将更全面地了解这些数学家的伟大事迹，并从中感受到他们对数学事业的热爱与坚持。希望学生在完成作业的过程中，不仅能够提升数学文化素养和综合能力，更能激发对我国古代数学文化的热爱与传承之情，为中华数学文化的繁荣发展贡献一份力量。

一、作业主题

我国古代数学家的故事与事迹。

我国古代数学家在数学领域做出了杰出的贡献，他们的努力与智慧是中华数学文化的重要组成部分。为了让学生了解我国古代数学家的故事与事迹，传承中华数学文化，特此设计此项课外实践性作业。

二、作业设计目标

（一）了解我国古代数学家的生平事迹及其对数学的贡献

对于我国古代的数学家，他们的生平事迹往往与数学的研究紧密相连。通过了解他们的生活背景、学术成就，学生能够更为深入地理解他们所面临的挑战和取得的成就。这种了解不仅能让学生对我国古代数学有更全面的认识，还能激发他们对数学学科的兴趣和尊重。同时，古代数学家的贡献往往超越了数学本身，他们的研究成果在当时的社会、经济、科技等领域都产生了深远的影响。因此，通过了解这些数学家的贡献，学生也能更为深刻地体会到数学在推动人类文明进步中的重要作用。

（二）体会古代数学家的精神风貌，激发学生的学习兴趣和爱国情怀

我国古代数学家在追求数学真理的道路上，展现出了坚韧不拔、勤奋好学、精益求精的精神风貌。他们中的许多人，在条件艰苦的环境下，仍然坚持研究，为我国的数学发展做出了杰出的贡献。通过了解他们的故事和事迹，学生能够感受到这种精神力量，从而在自己的学习中得到鼓舞和激励。同时，古代数学家的成就也是中华文明宝库中的瑰宝，他们的智慧和努力是中华民族的骄傲。因此，通过学习他们的故事和事迹，也能够激发学生的爱国情怀，增强他们的民族自豪感和文化自信。

三、作业设计思路

为了让学生更深入地了解我国古代数学家的故事和事迹，作业设计了一系列实践性的任务。这些任务包括资料收集、故事分享、数学应用等，旨在通过不同的形式和内容，让学生们在实践中感受古代数学家的智慧与精神。

（一）资料收集

资料收集是学生接触古代数学家的第一步。通过查找书籍、网络等资源，学生可以收集到关于古代数学家的各种信息，包括他们的生平、学术成果、时代背景等。这一过程不仅能锻炼学生的信息收集和处理能力，还能让他们在选择、整理资料的过程中对古代数学家有更深入的了解。

（二）故事分享

故事分享则是让学生对自己收集的资料，以故事的形式进行分享。这一环节不仅能锻炼学生的口头表达能力，还能让他们在讲述故事的过程中，更为深入地理解古代数学家的精神风貌和学术追求。同时，通过同学的相互分享，也能让大家了解到更多不同数学家的事迹，从而对我国古代数学有更全面的认识。

（三）数学应用

数学应用则是将古代数学家的智慧与现代数学相结合。学生可以选择一位自己感兴趣的古代数学家，深入研究其学术成果，并尝试用现代数学知识进行解读和应用。这一过程不仅能让学生更深入地理解古代数学家的学术思想和方法，还能锻炼他们的数学应用和创新能力。

（四）创意展示

创意展示环节是本项作业的亮点和创新之处。在这一环节中，学生可以选择一种自己喜欢的创意形式，如绘画、动画、短剧等，来展示古代数学家的事迹和精神。这一环节给了学生极大的自由度和创作空间，他们可以根据自己的兴趣和特长，选择最适合自己的表现形式。无论是通过绘画展现数学家的形象和情感，还是通过动画还原数学家的研究过程，抑或是通过短剧演绎数学家的人生故事，都能让学生在创作的过程中进一步理解和感受古代数学家的智慧和精神。同时，这种创意展示也能让学生的学习成果以更生动、更有趣的形式呈现出来，增加学习的趣味性和成就感。

四、作业反馈评价

（一）历史认知与资料运用评价

评价学生对古代数学家及其时代背景的认知，是否能够将数学家的事迹和成就放入具体的历史环境中理解。

评估学生是否能够合理、有效地运用所收集的资料，在作业中展现出对史料的批判性应用。

（二）叙述与表达能力评价

评估学生在故事分享中是否能够清晰、有条理地叙述古代数学家的事迹，展现出良好的叙事能力。

评价学生是否能够生动形象地描绘数学家的形象和精神，使得故事更具吸引力和感染力。

（三）数学理解与应用能力评价

评价学生是否能够准确理解古代数学家的学术贡献，分析其中的数学原理和方法。

评估学生能否将古代数学家的智慧与现代数学知识相结合，展现对数学原理的深度掌握和创新应用。

（四）创意与创新评价

评估学生在创意展示环节中所展现的创意独特性，是否能够以新颖、独特的方式呈现古代数学家的事迹和精神。

评价学生是否能够有效利用各种展示形式，将数学家的故事和事迹以生动、引人入胜的方式呈现出来，达到良好的展示效果。

从这些角度进行评价，不仅能够全面衡量学生对古代数学家的了解和研究程度，还能够准确评价他们在资料收集、故事分享、数学应用和创意展示等方面的能力和表现。

五、作业总结梳理——来自教师的总体评价

在作业完成后，进行总结梳理，回顾学生的表现，肯定他们的努力和成果。同时，引导学生深入思考古代数学家的精神内核，将其运用到自己的学习和生活中，不断提升自己的数学素养和综合能力。

以下是来自实践作业指导老师的总体评价：

随着作业的完成，我们进行了一次全面的总结梳理，回顾学生在整个过程中的表现和成果，同时也为他们下一步的学习和生活提供了一些建议。

首先，我们要对每一位学生的努力表示肯定。无论是资料收集、故事分享，还是数学应用和创意展示，学生们都展现出了极高的热情和专注度。他们利用各种途径查找资料，整理出了一个个生动有趣的数学家故事；他们尝试用现代数学的知识去解读古代数学家的智慧，展现出了不俗的数学素养；他们通过绘画、动画、短剧等形式，富有创意地展现了数学

家的精神风貌。

然而，作业的目的并不仅仅是为了完成一项任务，更重要的是希望学生能够通过这个过程，对古代数学家有更深入的了解，对他们的精神内核有更深刻的体会。因此，在总结梳理的过程中，我们鼓励学生深入思考：古代数学家的精神内核究竟是什么？他们的智慧和方法对我们今天的学习和生活有何启示？

通过引导学生思考，我们希望他们能够明白，古代数学家的精神内核其实是对知识的渴望、对真理的追求以及对智慧的尊重。他们不畏艰难，不怕困苦，只为了探索那些未知的领域，只为了追求那些真实的答案。这种精神，不仅仅适用于数学研究，更适用于我们每一个人的学习和生活。

因此，我们希望学生能够将古代数学家的这种精神内核运用到自己的学习和生活中，无论遇到什么困难和挑战，都能够保持对知识的渴望，对真理的追求，对智慧的尊重。同时，也希望他们能够不断提升自己的数学素养和综合能力，不仅在学术上有所成就，更在人格上有所成长。

最后，我们要感谢每一位学生在此次作业中的付出和努力，是他们的热情和专注，让我们的课堂更加生动有趣，让我们的学习更加深入高效。希望他们能够在未来的学习和生活中，继续保持这种热情和专注，不断探索、不断创新，为自己的人生写下更加精彩的篇章。

第三节　数学思维培养的课外实践性作业案例

小学生探索生活中的数学奥秘的过程，就像是一场令人兴奋的宝藏探寻之旅。在这个旅程中，学生带着一双发现数学的眼睛，去洞察生活中的点滴细节。他们会在超市的货架上发现数字和计算的运用，从而理解到数学在购物中的实际应用；他们会观察建筑物的形状和结构，思考其中蕴含的几何原理，感受到数学在建筑艺术中的美妙呈现。在这个探索过程中，学生不仅能够加深对数学知识的理解，更重要的是，他们能够体会到数学与生活的紧密联系，激发对数学的兴趣和热爱。这样的探索之旅，能够将学生引领到一个充满数学奥秘的世界，培养他们的数学思维和解决问题的能力，为他们的未来发展奠定坚实的基础。

一、作业主题

探索生活中的数学奥秘。

二、作业设计目标

（一）通过实践活动，培养数学观察和思考能力

实践活动是学生学习数学的重要方式之一。通过亲身参与实践活动，学生能够从直观的经验中抽象出数学概念，培养数学观察能力。在实践活动中，学生需要观察、测量、记录数据，并对数据进行整理和分析。这样的过程不仅能够锻炼学生的观察能力，还能够培养他们的思考能力。同

时，实践活动也鼓励学生主动发现问题、提出问题，并尝试用数学知识解决这些问题，从而进一步提升他们的数学思维和解决问题的能力。

（二）发掘生活中的数学元素，理解数学在日常生活中的应用

生活中无处不在的数学元素是学生学习数学的重要资源。通过发掘生活中的数学元素，学生可以感受到数学与生活的紧密联系，理解数学在日常生活中的应用。比如，在购物中，学生可以通过计算折扣、找零等操作，体验到数学在消费中的实际应用；在建筑中，学生可以通过观察建筑物的形状、结构，了解到数学在建筑设计和施工中的重要作用。通过这样的发掘，学生能够形成对数学的正确认识，进一步提高数学学习的兴趣和积极性。

（三）增强自主学习和合作能力

实践活动往往需要学生主动参与、自主学习。在探索生活中的数学奥秘的过程中，学生需要独立思考、主动探索，寻找问题的答案。这样的学习方式有助于培养学生的自主学习能力，让他们养成主动学习的习惯。同时，实践活动也鼓励学生进行合作学习。在小组探究活动中，学生需要与同学们共同讨论、分工合作，共同完成任务。这样的学习方式有助于培养学生的合作能力，让他们学会与他人交流、协作解决问题。

三、作业内容

（一）寻找生活中的数学

这项任务鼓励学生打开视野，以全新的角度去审视周围的世界。他们可以在建筑中寻找数学，比如观察楼房的几何结构，理解建筑师是如何运用数学原理来确保建筑的稳固和美观的。他们也可以在家居中找到数学，比如观察家中地砖的排列，体会其中的规律与美学。在超市里，货架的摆放、商品的分类也都蕴含着数学的逻辑思维。通过拍照记录，并写下与数学有关的文字描述，学生能培养自己的观察力和表达能力，同时也能更深入地理解数学在生活中无所不在。

（二）动手实践：制作数学道具

这项任务将数学与手工艺结合，让学生通过制作数学模型来深入理解数学的某一概念。比如，他们可以选择制作几何图形，通过剪纸或木材制作出各种各样的形状，直观感受图形的性质。再如，他们可以选择制作分数的实物模型，用饼干或糖果来代表分子和分母，通过实物的操作来理解分数的含义和运算。在制作过程中，学生需要思考如何准确表达这个概念，这将锻炼他们的思考能力和解决问题的能力。同时，写下制作过程和心得，也能帮助他们巩固所学，提升总结和表达能力。

（三）数学日记

数学日记是一种特殊的日记形式，它引导学生在一周内记录与数学相关的日常。可以是他们学习新知识点的心得体会，也可以是解题思路的记录，还可以是遇到困难和挫折时的真实感受。这种方式能够让学生更加深入地思考数学问题，提升他们的数学思考和总结能力。同时，也能帮助他们形成解决问题的策略，增强他们面对困难的决心和信心。

（四）小组探究：现实中的数学问题

这项任务强调团队合作，鼓励学生以小组的形式去探究现实生活中的数学问题。他们可以选择一个感兴趣且与实际生活紧密相关的问题进行深入研究，比如“超市打折优惠策略的数学原理”或“交通拥堵与数学模型的关系”。在探究过程中，他们需要共同讨论、制订解决方案，这将锻炼他们的团队协作能力和沟通能力。最后呈现给全班的探究成果，也将展现他们在数学应用方面的才华和创意。

四、作业提交方式

（一）实践的照片、制作的数学模型、数学日记

为了更好地展示和分享自己的实践成果，学生可以将实践的照片进行

筛选和编辑，选择最具有代表性的照片来展示自己找到的生活中的数学。同时，他们还可以使用一些照片编辑工具来增强照片的效果，使其更具有视觉冲击力和表现力。

对于制作的数学模型，学生可以拍摄清晰、多角度的照片，确保能够充分展现模型的细节和特点。除此之外，他们还可以用文字或图标标注照片，解释模型的数学概念和应用。

数学日记则可以以PDF或PPT的形式进行整理和提交。在整理过程中，学生可以为每一篇日记添加标题和日期，使其更具条理性，还可以插入相关的截图、手绘或笔记，增加日记的丰富性和可读性。

（二）小组探究部分

对于小组探究部分的成果提交，学生需要更为细致和全面地准备。首先，他们需要编写一份详细的报告，报告内容应包括问题的提出、探究的过程、所得的结论以及遇到的困难和解决方法等。报告中可以插入图表、数据、截图等，使内容更加直观和有力。

除了报告外，小组还需要为课堂展示做准备。他们可以提前制作PPT或展板，将探究过程中的关键点和亮点进行可视化呈现。在展示时，小组成员可以分工合作，有的负责讲解、有的负责操作模型、有的负责答疑，确保展示既流畅又生动。此外，为了增加互动性和参与度，小组还可以设计一些小问题或活动，与全班同学进行互动，让大家共同思考和探讨数学在生活中的应用。

五、作业评价方式

（一）对提交的作品进行评分，考虑创意、实践深度、数学概念的准确性

1. 创意

（1）创新度：是否以新颖、独特的方式寻找生活中的数学元素或呈现

数学概念。

（2）原创性：作品是否体现出学生的独立思考，而不是简单地模仿或复制。

（3）视觉效果：照片、模型等是否具有良好的视觉效果，能否吸引人眼球。

2. 实践深度

（1）实践的详细程度：是否详细记录了实践过程，包括观察、测量、分析等步骤。

（2）数学应用水平：能否准确、深入地将数学知识应用到实践中。

（3）反思与总结：对于实践过程是否有深入的反思与总结，能否找出问题并提出改进方法。

3. 数学概念的准确性

（1）概念的清晰度：作品中涉及的数学概念是否清晰、明确。

（2）应用的正确性：在实践中是否正确应用了数学概念，无误解或混淆。

（3）与课本知识的结合：能否将实践内容与课本知识紧密结合，体现出知识的连贯性和系统性。

（二）小组探究部分，根据报告的质量和课堂展示的表现进行评价

1. 报告的质量

（1）结构的完整性：报告是否有明确的开头、过程和结尾，逻辑是否清晰。

（2）内容的深度与广度：报告是否对问题进行了深入、全面的探讨。

（3）图表与数据的呈现：报告中是否运用了图表、数据等辅助材料，这些材料是否直观、有力。

2. 课堂展示的表现

（1）表达的清晰度：小组成员是否能够清晰、流利地表达探究过程和结论。

（2）与观众的互动：是否设计了与观众互动的环节，如提问、小组讨论等。

（3）应对问题的能力：对于观众提出的问题或质疑，小组成员是否能够迅速、准确地回答。

本项课外实践性作业旨在让学生从生活中发现数学，通过实践来感受数学的魅力，并培养他们的数学思维和应用能力。希望同学们能积极参与，享受数学的乐趣！

第四节　数学技能应用的课外实践性作业案例

小学数学运算一致性是数学教学中的重要概念。这种一致性不仅是数学运算的基本规律，也是锻炼学生逻辑思维和问题解决能力的重要手段。通过深入理解和广泛应用运算一致性，小学生能够建立起扎实的数学基础，提高计算准确性和效率，同时也能为更高层次的数学学习打下坚实的基础。因此，应该在教学中强调运算一致性的认知与应用，帮助学生更好地掌握数学知识，发展他们的数学思维能力和解决问题的能力。

一、作业主题

运算一致性的认知探索与应用。

数学运算一致性是小学数学中的重要概念，它体现了数学运算的规律和逻辑。为了帮助学生更好地理解和掌握这一概念，设计了以“运算一致性”为主题的课外实践性作业。

二、作业设计目标

（一）巩固和加深对运算一致性的理解

对于小学数学教育而言，运算一致性是一个核心概念。为了使学生能够在数学运算中更加得心应手，首要目标就是要巩固并加深他们对运算一致性的理解。这意味着学生需要明白，无论数字如何变换位置或组合，只要运算符号不变，其结果都是一样的。例如，加法交换律和结合律就体现了运算一致性。通过大量的实例和练习，学生能够加深对这一概念的认识，并能在实际运算中自如运用。

为了实现这一目标，教学中可以采用多种方法，如举例说明、小组讨论、实例解析等，确保学生从多角度、多层次理解运算一致性的真谛。

（二）通过实践，培养数学思维和应用能力

真正的理解不能仅仅停留在书本上，更需要通过实践来加深认识。因此，通过设计富有挑战性和实际应用背景的练习题，可以让学生真正感受到运算一致性的应用价值。这样的实践不仅能够锻炼学生的数学思维，更能够提升他们运用所学知识解决实际问题的能力。

例如，设计与生活紧密相关的数学问题，如"小明买文具，3支铅笔和2块橡皮共花费10元，1支铅笔和1块橡皮的价格是一样的，那么铅笔和橡皮的单价是多少？"这样的问题，就需要学生运用运算一致性来进行求解，也能让他们体会到数学在生活中的实际应用。

三、作业设计中的核心素养体现

（一）数学运算能力

数学运算能力是小学生必须具备的核心素养之一。通过大量的实践和训练，学生的运算速度和准确性可以得到显著提高。特别是对于运算一致性这一内容，它不仅是数学运算的基础，更能帮助学生提高运算效率。随着学生对运算一致性理解的加深，他们的运算速度和准确性也会相应提升，这是他们数学运算能力增强的直接体现。

（二）问题解决能力

引导学生运用所学知识解决实际问题是教育的重要目标。当学生面对一个问题时，能够迅速准确地找到问题的关键点，并运用合适的数学知识进行求解，是他们问题解决能力强的重要表现。而运算一致性作为数学中的基础概念，在很多实际问题中都有广泛应用。学生通过对运算一致性的学习和实践，可以逐渐形成运用数学知识解决实际问题的思维方式和习惯。

（三）自主学习能力

自主学习能力是现代社会对人才的基本要求。鼓励学生独立完成任务，是培养他们自主学习能力的重要途径。在运算一致性的学习中，学生需要在老师和家长的指导下独立完成大量的练习、思考问题，这样不仅可以培养他们的自主学习能力，还能增强他们的学习自信心和责任感。这样的教育方式更有助于学生未来的发展和终身学习。

四、作业设计重难点

（一）重点：运算一致性的理解和应用

运算一致性是小学数学的核心概念，因此，将其作为作业设计的重点是十分必要的。

首先，要确保学生对运算一致性的定义有清晰的认识。这包括加法、减法、乘法等运算的交换律、结合律等。为了使学生更好地理解这一概念，可以设计多种形式的练习，如选择题、判断题、填空题等。

其次，当学生理解了运算一致性的基本概念后，应引导他们将其应用到具体的数学题目中。这可以通过设计一些与运算一致性密切相关的计算题来实现，让学生在实践中加深对其的认识。

（二）难点：如何将运算一致性应用到实际问题中

将抽象的数学概念应用到实际问题中，一直是数学教育的难点。对于运算一致性而言，也不例外。为了克服这一难点，可以采取以下方式：

1. 生活场景引入

设计与生活紧密相关的场景问题，使学生在解决问题时能够联想到实际情境，从而更容易想到运用运算一致性。

2. 案例分析

给学生提供一些运用运算一致性解决实际问题的案例，让他们明白其实际应用价值。

3. 合作学习

鼓励学生分组讨论，共同寻找运用运算一致性解决问题的方法。通过集思广益，学生可以相互启发，更容易找到问题的突破口。

五、作业设计思路

（一）复习导入

在作业的开始部分，设计一些简短的复习题目，引导学生回顾运算一致性的定义和之前学过的例子。这可以帮助他们激活已有的知识，为接下来的学习做好准备。

（二）实践探索

在此部分，可以设计一些与生活相关的实际问题，让学生尝试运用运算一致性进行解答。例如，“小红去超市买了2瓶饮料和3包薯片，共消费了20元。已知饮料和薯片的价格是一样的，你能算出每瓶饮料和每包薯片的价格吗？”通过这样的问题，学生可以在实践中加深对运算一致性的理解，并体验到数学在生活中的实际应用。

（三）创新挑战

为了激发学生的创新思维，可以鼓励他们自己设计与运算一致性相关的问题，并尝试解答。这部分可以作为作业的拓展或挑战部分，让学生自由发挥。对于提出有创意问题的学生，可以给予额外的表扬或奖励，以此激励他们更加积极地思考和探索。

六、作业内容

（一）设计和完成与运算一致性相关的练习题

1. 直接计算

（1）5+3=3+5=

（2）8×2=2×8=

设计目的：通过简单的例子，让学生认识到加法和乘法中的交换律，即数的位置交换，运算结果不变。

2. 生活实例计算

小明买了2本笔记本和3支铅笔，每本笔记本的价格是2元，每支铅笔的价格是1元。请问小明一共花了多少元？

设计目的：让学生运用加法的运算一致性，来解决生活中的实际问题。

3. 填空题

根据运算一致性，我们知道7×8=8×____。

设计目的：通过填空的方式，让学生理解乘法中的交换律。

4. 判断题

（1）9−6−3和6−9−3的结果是相同的。（　　）

（2）5×4和4×5的结果都是20。（　　）

设计目的：通过判断题，检验学生对减法和乘法中运算一致性的理解。

5. 拓展题

小红、小明和小李三人分别买了同样价格的文具，小红买了5件，小明买了3件，小李买了2件。小红和小明一共花了20元，那么小李花了多少元？

设计目的：这道题需要学生运用运算一致性，结合加法、乘法进行综合运算，来解决实际问题。

这些练习题涵盖了运算一致性的基本概念和其在生活中的应用，适合小学生进行练习和巩固。

（二）设计与运算一致性相关的生活场景问题

题目：超市购物员。

背景：小小是一名超市的购物员，她今天需要帮助顾客计算购物的总金额。在结账过程中，她发现了一些有趣的数字规律，这让她能够更快地算出答案。

问题：

顾客A买了3瓶饮料，每瓶4元；2包薯片，每包5元。请小小计算顾客A

需要支付的总金额。

顾客B买了2块巧克力，每块6元；1盒饼干，每盒8元。请小小计算顾客B需要支付的总金额。

顾客C买了4瓶洗发水，每瓶7元；3瓶沐浴露，每瓶的价格是洗发水的2倍。请小小计算顾客C需要支付的总金额。

运算一致性体现：在这些问题中，学生需要运用加法和乘法的运算一致性来解决问题。例如，他们可以将同类商品的价格相加、数量乘以单价等，来得出总金额。通过这些问题，学生可以实践并加深对运算一致性的理解，同时也能够锻炼他们的计算能力和问题解决能力。

这个问题设计旨在通过模拟真实生活场景，让学生们运用数学知识解决现实问题，从而明白数学在日常生活中的重要性和应用广泛性。

七、作业实施结果

大部分学生都能够较好地完成作业，对运算一致性的理解更加深入，并成功将其应用到实际问题中。部分学生的创新挑战也非常出色，展现出了他们对运算一致性的独特理解。

八、作业评价与反思

（一）评价

此次作业设计合理，既考虑到了学生的实际情况，又充分培养了他们的数学思维和应用能力。

（二）反思

在作业实施过程中，部分学生对运算一致性的理解仍存在困惑。在今后的教学中，需要更加注重对这一概念的讲解和训练，确保每位学生都能够完全掌握。同时，也有部分学生在创新挑战中展现出了出色的创意和能力，值得进一步培养和鼓励。

第六章

信息技术赋能“双新”背景下小学数学课外实践性作业育人探索

信息技术赋能“双新”背景下小学数学课外实践性作业育人探索，揭示了数字化时代教育教学的新方向。在数字化背景下，学生的自主成长成为可能。信息技术为学生提供了丰富的学习资源和在线学习平台，他们可以根据自己的兴趣和需求进行自主学习，培养自我驱动学习的能力。通过课外实践性作业，学生们能够主动参与问题的解决，积极探索数学知识，实现个性化发展。多维协同育人是信息技术赋能下的重要育人模式。学校、社会、家庭等多个维度在学生的成长过程中都发挥着不可替代的作用。信息技术使得学校、社会和家庭之间的合作更加紧密，共同为学生提供更丰富的学习资源和实践机会。学校可以引导学生参与社会实践，家庭可以提供支持与鼓励，社会则能提供真实场景的实践机会。这种协同育人模式有助于培养学生的全面素质，提升他们的综合能力。大数据技术在教学与作业设计中也发挥着重要的作用。通过分析学生的学习数据，教师可以更准确地了解学生的学习情况和需求，进而个性化地设计课外实践性作业。这种数据驱动的教学方式能够更好地满足学生的需求，提升教学效果。同时，大数据技术也可以帮助教师跟踪学生的进步，及时发现问题并提供针对性的指导，促进学生的学习成长。总而言之，信息技术赋能“双新”背景下的小学数学课外实践性作业为学生的自主成长提供了广阔的平台。多维协同育人和大数据技术的应用，能够更好地满足学生的个性化需求，促进他们的全面发展。这种育人探索将教育教学推向了一个新的高度，为学生的未来发展奠定了坚实的基础。

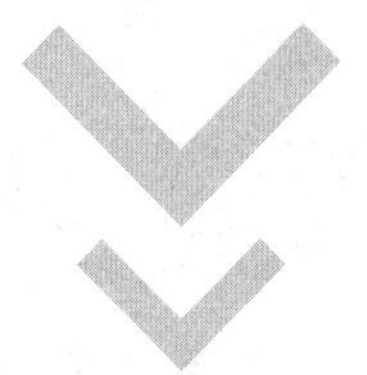

第一节　数字化背景下的学生自主成长

数字化背景为学生的自主成长开辟了新的路径。在数字化技术的支持下，学生可以更加积极主动地参与到数学学习中，通过在线学习平台、数学软件和应用程序等多样化工具，自主探索数学知识领域。这些工具不仅能够提供丰富的学习资源，还使学生能够根据自己的学习节奏和兴趣进行学习安排和选择。小学数学实践教学在数字化背景下变得更加生动有趣，学生可以通过实践性作业，运用数学知识解决实际问题，从而加深对数学的理解和掌握。数字化背景赋予了学生更大的自主权和参与度，使他们在数学学习中逐渐展现出创造性、批判性和解决问题的能力。因此，数字化背景能够促进学生的自主成长，为小学数学实践教学注入新的活力和效果。

一、学生自主成长的特点

小学生自主成长指的是小学生在学习和成长过程中，能够主动、独立地思考和行动，积极探索、发现问题并解决问题，实现个人能力和素质的提升。自主成长是小学生全面发展的重要组成部分，它不仅能够帮助小学生在学习和生活中取得更好的成绩和表现，还能够培养其自主、独立、创新的人格特质，为其未来的发展奠定坚实的基础。

（一）主动性

主动性是学生自主成长的核心动力。在小学数学实践教学中，培养学生的主动性至关重要。

1. 创设积极的学习氛围

建立一个积极、鼓励的学习环境，让学生感受到主动参与的价值和乐趣。教师可以给予学生鼓励、认可和奖励，激发他们的学习动力。

2. 引导学生提出问题

鼓励学生主动提出问题，培养他们的问题意识和质疑精神。教师可以组织学生进行小组讨论，鼓励他们互相交流和分享问题，激发他们的思维活力。

3. 提供自主选择的机会

给予学生一定的自主权和选择权，让他们能够根据自己的兴趣和需求选择学习的方向和内容。教师可以设计多个实践项目供学生选择，让他们根据自己的兴趣和能力进行选择，增强学习的主动性。

（二）独立性

独立性是学生自主成长的基础。在小学数学实践教学中，教师应该逐步引导学生独立地思考和解决问题。

1. 适时给予挑战

教师可以适时提供挑战性的问题和实践任务，让学生需要独立思考和寻找解决方案。这样的挑战可以激发学生的求知欲和探索精神。

2. 鼓励自主寻求资源

引导学生主动寻求学习资源和信息，培养他们的自主学习能力。教师可以介绍一些适合学生的学习资源，如参考书籍、在线视频等，让他们独立探索和学习。

3. 反馈与引导相结合

在给予学生反馈时，教师可以适当引导学生进一步思考，而不是直接给出答案。通过引导和启发式反馈，帮助学生培养独立思考的能力。

（三）探究性

探究性是学生自主成长的重要表现。在小学数学实践教学中，教师可以引导学生进行探究性学习，培养他们的探究精神和实践能力。

1. 设立探究课题

教师可以设计一些与学生生活实际相关的探究课题，让学生在实际问题中探究数学知识的应用。例如，可以让学生研究交通流量与道路设计的关系，通过测量、统计和分析数据，运用数学知识解决实际问题。

2. 提供实验和观察机会

数学并非纯粹的理论学科，通过实验和观察可以更好地理解数学概念。教师可以设计一些数学实验，让学生亲身参与，观察数学规律，培养他们的观察和实验能力。

（四）创造性

创造性不仅是学生自主成长的关键能力，还是他们未来解决问题、创新思考的重要基础。在小学数学实践教学中，特别需要关注和培养学生的创造性。

1. 鼓励非常规思维

鼓励学生尝试不同的解题思路和方法，不拘泥于常规思维模式。教师可以给予学生一些开放性的数学问题，让他们自由发挥想象力和创造力，寻找非常规的解决方案。

2. 提供艺术化的数学活动

数学与艺术结合，可以激发学生的创造力和表达能力。教师可以组织学生进行数学艺术创作，如分形图案设计、数学公式音乐创作等，让他们通过艺术的方式展现数学的美丽与创造力。

（五）自我反思性

自我反思是学生自主成长的关键环节，它有助于学生审视自己的学习过程和结果，从而发现自己的优点和不足，为进一步提高提供方向。

1. 给予自我评价机会

在完成实践任务后，教师可以要求学生进行自我评价，让他们反思自己的学习过程、方法和成果，发现自己的优点和不足。

2. 引导他人评价与自我反思结合

教师可以组织学生进行互评和小组讨论，听取他人的建议和意见，然后引导学生结合他人的评价进行自我反思，进一步完善自己的学习。

二、数字信息技术对学生自主成长的意义

数字信息技术在小学数学教育中对学生的自主成长具有重要意义。它不仅能够丰富学习资源，提供个性化的学习体验，还能够增强学习互动与协作，提升学生的学习自主性和独立性以及整合跨学科知识的能力。因此，教师应当充分利用数字信息技术，将其融入教学实践中，以促进学生的自主成长和全面发展。

（一）拓展学习资源与途径

在数字信息技术的支持下，小学数学教育的学习资源和途径得到了极大的拓展。传统的教学方式往往依赖于纸质教材和教师的课堂讲解，而数字信息技术为学生提供了更丰富、多样化的学习资源。例如，学生可以通过在线学习平台访问各类数学教学视频、教学课件和互动练习，这些资源具有生动有趣的呈现方式和互动性，能够极大地吸引学生的注意力，激发他们的学习兴趣。

这种资源的拓展不仅能让学生接触到更广泛的知识领域，还能为他们提供更多的学习选择。学生可以根据自己的学习需求和兴趣选择适合的学习资源，例如，针对某个知识点选择详细的教学视频进行深入学习，或者通过在线练习平台进行有针对性的习题训练。这种个性化的学习选择能让学生更加自主地掌控学习过程，满足他们的个性化需求。

（二）提供个性化学习体验

数字信息技术为小学数学教育提供了个性化学习的可能性。通过分析学生的学习情况和需求，教师可以为学生制订个性化的学习计划和学习路径。智能教学系统可以根据学生的学习水平和兴趣，为其提供难度适中的习题和学习资源，确保每个学生都能在适合自己的学习环境中获得成

长和进步。

个性化学习体验还体现在学习反馈上。数字信息技术可以实时跟踪学生的学习情况，为教师提供精确的数据支持。教师根据学生的学习数据和反馈，可以及时发现问题并提供个性化的指导，帮助学生克服学习困难，提高学习效果。

（三）便于开展学习互动与协作

数字信息技术为小学数学教育中的学习互动与协作提供了便利。学生可以通过网络平台与教师、同学进行实时互动和交流。学生可以在线提出问题，与教师和同学共同探讨解决方案，促进思维的碰撞和知识的共享。这种互动与协作的环境有助于激发学生的学习兴趣，并培养其合作与沟通的能力。

此外，数字信息技术还为学生提供了参与数学项目和实践活动的机会。学生可以通过网络平台参与数学竞赛、数学俱乐部等活动，与更广泛的数学爱好者进行交流，拓展学习途径。这种互动与协作的机会能够让学生感受到数学学习的乐趣和成就感，进一步激发他们的学习动力。

（四）提升学生的学习自主性与独立性

在数字信息技术的支持下，学生的学习不再被限制在传统的学校和课堂环境中。学生可以在任何时间、任何地点进行学习，这使得学习更具灵活性和可访问性。然而，这种自由度的增加也要求学生具备更高的学习自主性和独立性。

首先，学生需要学会制订自己的学习计划。在数字信息技术的帮助下，他们可以根据自己的学习目标和日常安排，灵活地规划学习时间和学习内容。学生可以利用学习管理工具，如电子日历和任务清单，来跟踪学习进度并确保学习计划的顺利执行。这样的学习计划制订过程有助于学生培养时间管理和自我规划的能力。

其次，学生需要学会管理自己的学习时间。数字信息技术提供了丰富的学习资源和工具，学生可以根据自己的学习风格和喜好选择适合自己的学习方式。例如，他们可以选择观看教学视频、参与在线讨论、使用学习应用等。通过合理分配学习时间和选择高效的学习方法，学生可以提高学习效果，养成自律和自主学习的习惯。

最后，学生需要学会评价自己的学习成果。数字信息技术为学生提供了即时反馈和评估的工具。学生可以通过在线测验、练习和模拟考试等方式，及时了解自己的学习情况和进步。这种自我评价的过程有助于学生发现问题，调整学习策略，并激励自己持续努力。

（五）整合跨学科知识

数字信息技术在小学数学教育中可以帮助学生整合跨学科的知识，促进对数学知识的深入理解和应用。

在解决问题时，学生可以利用信息技术查找相关资料，探索数学在其他领域的应用。例如，他们可以通过网络搜索了解数学在不同学科中的应用案例。通过了解数学在其他领域的作用，学生可以更加全面地理解数学的重要性和价值，激发对数学学习的兴趣。

数字信息技术还能为学生提供跨学科学习的资源和平台。学生可以参与在线课程和项目，结合数学知识和技术解决真实世界的问题。例如，学生可以利用编程和数据分析技能，结合数学知识，进行数据分析、模型构建等活动。这样的跨学科学习经验有助于培养学生的创造力和问题解决能力。

此外，数字信息技术还能够促进学科之间的融合和交叉。学生可以通过网络平台与不同领域专家和同行交流合作，参与跨学科的讨论和研究项目。这种跨学科的学习和合作机会有助于拓宽学生的视野，培养他们的跨学科思考和合作能力。

三、数字化背景下学生自主成长的路径

数字化背景为小学数学教育中的学生自主成长提供了多种路径。学生可以利用互联网平台自主学习、利用微课自主学习、利用在线互动平台交

流学习、利用在线平台自我测试等，以更加自主、灵活的方式学习数学知识，提升学习效果和自主学习能力。这些数字化学习路径的出现，不仅能够丰富学生的学习方式，也能够为教师提供更多教学手段和工具，推动小学数学教育的创新与发展。

（一）利用互联网平台自主学习

在数字化时代，互联网平台已经成为学生自主学习的重要工具。对于小学数学教育而言，互联网平台提供了丰富的学习资源和工具，帮助学生更加自主、有效地进行学习。

首先，互联网平台上的教学资源极其多样，涵盖各个知识点和难度级别。学生可以根据自己的学习需求和兴趣，选择适合自己的教学资源进行学习。例如，平台上的教学视频可以直观地展示数学问题的解法，电子课件可以提供详细的学习资料和习题，在线习题库可以让学生进行针对性的练习。这些资源不仅能够丰富学生的学习内容，还能够提供多种学习方式，满足学生的个性化需求。

其次，互联网平台上的学习社区和论坛能为学生提供互动和交流的机会。学生可以在社区上分享学习心得、解题技巧，与其他学生一起讨论数学问题。这种互动和交流有助于激发学生的学习兴趣，拓宽思维，增进对数学知识的理解和掌握。同时，学生还可以通过社区了解其他学生的学习方法和经验，借鉴他人的优点，改进自己的学习方式。

最后，互联网平台还能为学生提供自主学习的管理工具。学生可以利用平台上的学习记录、进度跟踪等功能，对自己的学习情况进行监督和评估。这些工具能够帮助学生制订学习计划，合理安排学习时间，提高学习效率和自律性。

（二）利用微课自主学习

微课是一种基于短视频的教学资源，具有时间短、内容精炼、便于传播等特点。在小学数学教育中，微课可以成为学生自主学习的有力工具。

微课通常针对特定的知识点或教学环节进行设计，内容精炼，重点突出。学生可以根据自己的学习需要，选择相应的微课进行学习。由于微课时间短，学生可以随时随地观看，不受时间限制，灵活安排自己的学习进度。同时，微课通常采用多媒体形式，结合图像、声音、动画等元素，生动形象地呈现数学知识，激发学生的学习兴趣和积极性。

微课的自主学习模式还能够培养学生的自主学习能力。学生可以根据自己的理解和学习情况，反复观看微课，深入思考数学问题。在学习过程中，学生可以通过暂停、回放等操作，自主掌控学习节奏，加深对知识点的理解和记忆。此外，微课还可以配合在线练习和测试，帮助学生及时巩固所学知识，检验学习效果。

（三）利用在线互动平台交流学习

随着网络技术的发展，在线互动平台已经成为学生学习交流的重要场所。在小学数学教育中，利用在线互动平台进行交流学习，有助于激发学生的学习兴趣，提高学生的学习效果，同时培养学生的合作与沟通能力。

在线互动平台能为学生和教师提供一个实时互动的空间。学生可以在平台上向教师提问，教师则可以及时进行解答和指导。这种即时互动的学习方式，有助于学生在遇到问题时及时获得帮助，避免疑惑积累，提高学习效率。同时，教师也可以通过在线互动平台了解学生的学习情况和需求，及时调整教学策略，以满足学生的个性化学习需求。

除了与教师互动，学生之间也可以在在线互动平台上进行合作学习。他们可以分享解题思路，共同探讨数学问题，相互启发，共同进步。这种合作学习方式有助于培养学生的团队协作能力和批判性思维，让他们在交流中碰撞出思维的火花，加深对数学知识的理解。

此外，在线互动平台还能为学生提供丰富的学习资源和工具，如在线白板、实时讨论区等，便于学生进行协作学习和探究性学习。学生可以利用这些工具共同解决问题，相互学习，从而提高学习效果。

（四）利用在线平台自我测试

自我测试是学生学习过程中的重要环节，能够帮助他们及时发现并纠正错误，巩固所学知识。在数字化背景下，利用在线平台进行自我测试已经成为小学数学教育中的一种有效方式。

在线平台能为学生提供大量的数学题目和测试卷。学生可以根据自己的学习进度和需求，选择相应的题目进行练习和测试。在线平台通常能够即时给出答案和解析，让学生及时了解自己的答题情况，发现并纠正错误。这种即时反馈的学习方式，有助于学生加深对知识点的理解，提高解题速度和准确性。

通过不断的自我测试和练习，学生可以巩固所学知识，为应对考试和实际应用打下坚实的基础。同时，自我测试也有助于学生形成自主学习的习惯，培养他们的自律性和自主学习能力。在自我测试过程中，学生需要对自己的学习情况进行反思和总结，找出自己的不足，从而调整学习策略，提高学习效果。

第二节　多维协同育人

小学数学实践作业中的多维协同育人，是一种全面、立体化的教育模式。它通过整合学校、家庭、社会等多方面的教育资源，让学生在实践作业中感受数学与生活的紧密联系。在这种模式下，学生不仅能够掌握数学知识，还能够培养实践能力、解决问题的能力和团队协作精神。同时，多维协同育人还能够促进师生、家校之间的互动与合作，形成教育教学的良好氛围。这种育人方式有助于培养学生的全面素质，为他们未来的发展奠定坚实的基础。

一、多维协同育人的特点

多维协同育人指的是通过整合不同的教育资源、方式和环境，实现多方面、多角度的协同作用，以促进学生的全面发展。在这种育人方式下，学校、家庭、社会等各方都积极参与，共同为学生的成长提供支持和帮助。通过多维协同育人，可以更有效地促进学生的全面发展，提升他们的核心素养和综合能力。这种育人方式体现了教育的综合性和系统性，是新时代教育发展的重要趋势。

（一）资源整合

在小学数学实践作业教学中，资源整合是关键。这要求教师和学生不仅仅依赖课本，还要充分利用生活中的实例、网络上的教育资源、教学软件等。例如，布置实践作业时，可以引导学生观察生活中的数学现象，如超市的打折计算、家庭的预算管理等，然后将这些实例融入作业中。同时，教师也可以整合网络上的数学游戏、教学视频等，作为实践作业的补充，使学生在完成作业的过程中，体验到数学在生活中的广泛应用。

（二）方式协同

方式协同在小学数学实践作业中体现为多种教学方法的结合。除了传统的纸质作业，还可以引入在线作业、小组讨论、实地测量等方式。例如，一个关于面积的实践作业，学生除了完成纸质的计算题外，还可以被要求使用在线工具进行图形的绘制和面积计算，或者实地测量家中某个房间的面积。这样的协同教学方式使得数学实践作业更加生动有趣，有助于提高学生的参与度和学习效果。

（三）环境协同

环境协同在小学数学实践作业中主要体现在创建一个有利于数学学习的环境方面。学校可以提供专门的数学教室或实验室，供学生完成实践作业。在家庭环境中，家长可以鼓励孩子在家中寻找与数学相关的实际应用，如购物时的计算、家居摆设中的几何原理等。此外，社会环境中的数学应用，如银行的利率计算、建筑中的测量等，也可以被引入实践作业，使学生在多个环境中感受到数学的存在和重要性。

（四）跨界合作

小学数学实践作业也可以进行跨界合作，尤其是与科学、技术、工程等学科的结合。例如，一个关于速度、距离和时间的实践作业，可以结合运动学知识，或者引入编程，让学生使用编程语言模拟运动过程。这样的跨界合作不仅能够增强数学的应用性，还能够培养学生的跨学科思考能力。

二、多维协同育人的优势

在小学数学实践作业教学中，通过家校社多维协同育人，我们能够形成一个统一的育人整体，汇聚各方资源为学生提供丰富多元的实践作业，并全方位营造良好的学习环境和氛围，全面促进学生的数学素养和综合能力的发展。

（一）家校社形成育人整体，凝聚育人合力

在多维协同育人模式下，家庭、学校和社会形成一个紧密的育人整体。家庭是孩子成长的第一个教育场所，家长在孩子的成长过程中起着至关重要的作用。学校则是孩子接受系统教育的地方，拥有专业的教师和教育资源。社会则是孩子将来要面对的环境，社会的支持和引导对孩子的成长也至关重要。

通过家校社的紧密合作，可以凝聚育人合力，共同为孩子的成长提供支持和帮助。家长可以积极参与孩子的数学学习，与学校教师保持密切沟通，共同关注孩子的学习进步和需求。社会可以提供实践机会和资源支持，让孩子在实践中学习和成长。这种育人合力的形成，有助于营造一个良好的教育生态，促进孩子的全面发展。

（二）提供更多元更丰富的实践作业资源

在多维协同育人模式下，可以充分利用家庭、学校和社会的资源，为孩子提供更多元、更丰富的实践作业资源。家庭中的日常生活场景可以成为孩子实践数学的场所，比如通过测量家具的尺寸来学习测量知识。学校可以组织实践活动，让学生在实践中学习和运用数学知识。社会上的各种机构和场所也可以为学生提供实践机会，比如参观博物馆、参与社区活动等。

这些多元化的实践作业资源，不仅可以丰富孩子的学习体验，还可以让他们在实践中锻炼自己的动手能力和解决问题的能力。

（三）全方位构建良好的实践作业的环境和氛围

多维协同育人模式有助于全方位构建良好的实践作业环境和氛围。家庭可以为孩子提供一个温馨、舒适的学习环境，让孩子在轻松愉快的氛围中完成作业。学校则可以营造一个积极向上、充满活力的学习氛围，激发学生的学习兴趣和动力。社会则可以提供一个广阔的实践平台，让学生在实践中锻炼自己、展示自己。

这种良好的实践作业环境和氛围，有助于激发学生的学习热情和创造力，提高他们的学习效果和实践能力。同时，也有助于培养学生的自信心和团队协作精神，为他们的未来发展奠定坚实的基础。

三、多维协同育人的分工与职责

在小学数学实践作业教学中，学校、教师、家长和社会各自都有重要的分工与职责。只有各方紧密合作，才能真正实现全面、立体化的教育，促进学生全面发展。

（一）学校

学校在多维协同育人中扮演着核心的角色。在小学数学实践作业教学中，学校的职责不仅仅是提供一个学习的场所，更要创造一个有益于学生全面发展的教育环境。

1. 资源整合

学校作为教育的主要载体，拥有大量的教育资源。为了更好地实践多维协同育人，学校应当充分整合这些资源。例如，学校可以与各大数学学会、科研机构建立合作关系，引入高端的数学教育资源，为学生提供更高层次的学习体验。同时，学校也可以与企业合作，了解数学在真实场景中的应用，使得实践作业更加贴近实际。

2. 环境建设

学校环境对学生的学习体验有着直接的影响。为了支持小学数学实践作业教学，学校应当建设数学专用的教室或实验室，配备先进的教学设备和工具，让学生在实践中感受到数学的魅力。此外，学校还可以设立数学角，放置与数学相关的书籍、教具等，鼓励学生在课余时间自主学习。

3. 跨界合作推动

学校应当积极推动数学与其他学科、领域的跨界合作。在小学数学实践作业中，可以引入STEAM教育理念，结合科学、技术、工程等领域的知识，设计综合性的实践作业，培养学生的跨学科思考能力。学校可以组织跨学科的教研活动，鼓励数学教师与其他学科的教师交流，共同设计跨界的教学内容和活动。

（二）教师

教师在协同育人中是引领者和协调者，应结合教材内容和学生的实际需求设计富有实践性的作业，整合各方资源，搭建学校、家长、社会之间的桥梁，促进学生的全面发展。教师在协同育人中居于核心地位。他们不仅负责教学设计，还要确保教学实践与学生生活经验的结合，同时与家长和社会保持密切沟通，为学生创造更丰富、更多元化的学习环境。

1. 教学设计

对于教师而言，教学设计是确保学生有效学习的关键。在小学数学实践作业的教学中，教师需要结合教材内容，深入思考如何设计富有实践性的作业。这意味着作业设计不仅要注重知识点的覆盖，还要与学生的日常生活经验相结合。

例如，当教授“重量”的数学概念时，教师可以设计一个实践作业，让学生在家中称量不同物品的重量，然后记录数据进行比较和分析。这样的作业设计不仅能让学生在实践中掌握数学知识，还能培养他们的观察力和实践能力。

为了实现这一目标，教师需要深入了解学生的生活经验和兴趣，寻找与数学知识点的结合点，使作业既有趣又富有教育意义。

2. 方式协同

为了满足不同学生的学习需求，教师需要在教学中融合多种教学方法。传统的讲解和示范当然重要，但小组讨论和实地操作也同样具有价值。

小组讨论可以让学生互相交流想法，碰撞思维的火花。在小组中，每个学生都有机会发表自己的观点，听取他人的意见，从而培养团队合作和沟通能力。而实地操作则让学生有机会亲身实践，感受数学的实际应用。例如，在学习几何知识时，教师可以带领学生走出教室，实地测量学校的建筑物或环境，让学生在实际操作中掌握和深化知识。

3. 家长联系与沟通

家长是学生学习过程中的重要伙伴。为了更好地指导家长在家中辅助孩子完成实践作业，教师需要与家长保持密切沟通。无论是通过家长会、电话、邮件还是专门的在线平台，教师都应定期与家长交流，分享孩子在学校的学习情况，了解孩子在家中的学习状态，同时听取家长的反馈和建议，不断完善自己的教学方法和策略。

（三）家长

家长在协同育人中是重要的合作伙伴和支持者，他们提供实践支持，陪伴孩子完成作业，积极向教师反馈孩子的学习情况，为孩子的全面发展提供坚实的后盾。

家长在协同育人中属于关键角色，他们的支持和陪伴对于孩子的学习和成长至关重要，同时也能够体现家长与教师之间的紧密合作关系，共同促进孩子的全面发展。

1. 实践支持

家长在孩子的学习旅程中起着至关重要的作用。对于小学数学实践作业，家长需要为孩子提供必要的实践支持。这意味着家长应确保孩子拥有完成作业所需的工具和材料。例如，如果作业涉及制作几何模型，家长应为其提供纸张、胶水、剪刀等制作工具。

更进一步，家长可以鼓励孩子在家中探索与数学相关的实际应用。比如，家里装修时让孩子参与测量房间面积、计算涂料用量等任务。这样的实践机会不仅能加深孩子对数学知识的理解，还能让他们感受到数学在日常生活中的应用价值。

2. 学习陪伴

陪伴是最好的教育。在完成实践作业的过程中，家长的陪伴尤为重要。通过陪伴，家长可以给予孩子及时的鼓励和支持，让他们在面对困难时能够坚持下去。同时，这也是增进亲子关系的好时机，让家长和孩子有更多互动和交流的机会。

3. 反馈提供

家长是孩子学习的第一观察者。他们能够从孩子的日常表现中了解到许多细节。因此，家长向教师反馈孩子在家中完成作业的情况非常有价值。这种反馈可以为学校和教师提供真实、一线的教育信息，帮助教师更全面地了解学生的学习状况，从而有针对性地调整教学策略，确保教学效果最大化。

（四）社会（社区）

社会（社区）在协同育人中是资源的提供者和环境的创造者，通过提供实践活动的支持和资源，宣传数学教育的重要性，并为学生提供实习或实践的机会，社会（社区）能够为学生的全面发展营造更广阔的舞台。

1. 资源提供

社区或相关机构在多维协同育人中扮演着重要的资源提供者的角色。对于小学数学实践作业教学而言，社区的资源支持能够极大地丰富学生的学习体验和实践机会。

社区可以通过赞助数学竞赛来鼓励学生积极参与数学学习和实践。数学竞赛不仅可以激发学生的学习兴趣，还能够培养他们的解题能力和竞争意识。社区可以提供竞赛所需的资金、场地和其他资源，确保竞赛的顺利进行，并为学生提供获奖的机会和奖励。这样的支持不仅能让学生在数学竞赛中得到锻炼，也能为他们的学习成果提供展示的平台。

此外，社区还可以为学校提供实践活动的场地。例如，社区中心、图书馆或公共机构等场所，可以成为学生进行数学实践活动的场所。这些场地可以提供学生所需的空间和设备，让他们有机会在更广阔的环境中应用数学知识，进行实际操作和探索。通过与社区的合作，学校可以充分利用社区资源，为学生提供更丰富、更多样化的实践机会。

2. 数学教育宣传

社区在宣传数学教育的重要性方面发挥着关键的作用。社区可以通过各种活动，如讲座、研讨会、展览等，向家长和社会大众宣传数学教育的重要性。这些活动可以邀请数学教育专家、学者或优秀学生来分享他们的经验和见解，激发家长和社会对数学教育的关注度和兴趣。

数学教育宣传的核心目的是营造重视数学教育的社会氛围。当家长和社会大众意识到数学教育的重要性时，他们会更积极地支持学生的数学学习，提供更多的资源和鼓励。这种关注和支持将为学生提供更广阔的学习平台和更丰富的学习资源，激发他们的学习动力和兴趣。

3. 实践机会提供

社区或企业可以为学生提供实习或实践的机会，让学生在真实的环境中应用数学知识，感受数学的实际价值。这种实践机会能够帮助学生将所学的数学知识与实际生活和工作结合起来，培养他们解决问题的能力和实践能力。

例如，社区或企业可以与学校合作，开展实践项目或实习计划。学生可以参与社区的建设规划、企业的数据分析或市场调研等活动，应用数学知识和技巧来解决真实问题。这样的实践机会不仅能让学生亲身体验数学的应用，还能够增强他们的职业意识和就业竞争力。

四、多维协同育人策略

多维协同育人在小学数学课外实践作业中的应用，需要从协同与整合、角色定位与边界、持续改进与创新等多个角度来综合考虑和实施，这样才能更好地促进学生的全面发展，提高教育质量。

（一）协同与整合

1. 多维度协同

在教育过程中，学校、家庭、社会都有各自独特的作用。学校作为教育主阵地，应提供系统的知识教育与技能培训；家庭是孩子性格、价值观形成的重要场所，家长对孩子的言传身教具有深远影响；社会则是学生实践知识、锻炼技能的重要平台。三者协同，能够让学生在知识、能力、素质各方面得到全面提升。

2. 资源整合与优化

学校应充分利用家庭和社会的资源，增强教育的实效性和生活性。比如，学校可以布置一些需要家长和孩子共同完成的实践作业，这样既能让孩子在实践中学习知识，也能增进亲子关系。同时，学校也可以利用社会资源，如企业、社区等，为学生提供实践场所，让学生能在真实环境中锻炼能力。

（二）角色定位与边界

1. 学校的引导角色

学校在教育过程中起主导作用，不仅需要制订教学目标，设计教学内容，还需要对家庭和社会进行引导，使它们能够更好地配合学校教育，形成教育合力。

2. 家庭的辅助角色

家庭是孩子的避风港，家长是孩子的第一任老师和终身老师。家长的言传身教，家庭的生活氛围，都对孩子的成长有着重要影响。家长应积极参与孩子的课外实践作业，配合学校的教育，共同促进孩子的成长。

3. 社会的支持角色

社会是学生实践的重要场所，社会资源的丰富度和社会环境的优劣直接影响到学生的实践效果。社会应积极提供教育资源，营造良好的学习环境，支持学校和家庭的教育工作。

（三）持续改进与创新

1. 反馈与调整

在多维协同育人的过程中，反馈机制至关重要。学校需定期评估课外实践作业的效果，收集学生、家长和社会的意见和建议，及时调整作业设计和实施方式。同时，家长和社会也应及时向学校反馈孩子的学习情况和社会环境的变化，帮助学校更好地适应学生的需求和社会的发展。

2. 鼓励创新

教育是一个持续创新的过程。学校应在保障教学目标的基础上，鼓励教师创新课外实践作业的形式和内容，激发学生的学习兴趣和主动性。家庭和社会也可以提出宝贵的建议和资源，支持学校和教师在教育方式上的创新，共同促进学生的全面发展。

第三节　大数据技术在教学与作业设计中的应用

大数据技术在小学数学实践教学与作业设计中发挥着重要作用。通过大数据技术，教师可以分析学生的学习情况和需求，个性化地设计实践作业，使作业更贴合学生的实际情况，从而提高学生的学习效果。同时，大数据技术还能帮助教师跟踪和评估学生的学习进程，及时发现学生的学习困难和问题，针对性地进行教学干预，提升教学质量。因此，大数据技术的应用能够为小学数学实践教学与作业设计带来新的可能性和效果，促进教学个性化的实现。

一、大数据技术在小学数学实践教学中的具体应用

基础教育中的大数据技术是指将大数据技术应用于基础教育领域，通过对海量教育数据的收集、整理、分析和挖掘，实现个性化教学、精细化管理、智能化决策等目标。大数据技术在小学数学实践教学中的应用体现在个性化教学方案的制订、智能教学辅助、教学资源优化以及学生评估与反馈等多个方面，它能够为教师和学生提供更为精准、高效的教学方式和学习体验，有助于提高教学效果和学习效果。

（一）个性化教学方案的制订

大数据技术对于个性化教学方案的制订具有至关重要的作用。首先，

通过大数据分析，教师可以根据学生的知识水平、学习风格、兴趣爱好等因素，为学生量身定制学习计划。例如，某些学生可能更善于通过视觉辅助学习，而另一些学生则可能更偏好于通过动手实践来掌握知识。大数据技术可以帮助教师识别这些特点，并制订相应的教学方案。

其次，大数据还可以追踪学生的学习进度和效果，实时调整教学方案。如果一名学生在某个知识点的学习上表现出困难，系统可以自动调整后续的教学内容，以确保学生能够以适合自己的速度和方式进行学习。这种个性化的教学方式不仅可以提高学生的学习效果，还能够培养学生的自主学习能力和终身学习习惯。

（二）智能教学辅助

智能教学辅助是大数据技术在小学数学实践教学中的另一重要应用。通过实时收集和分析学生的学习数据，教师可以获得关于学生学习效果的即时反馈。例如，教师可以通过学生的答题正确率来判断学生对某个知识点的掌握情况。如果学生的答题正确率较低，教师则可以及时采取补救措施，如提供额外的练习题或进行针对性的辅导，以确保学生能够充分理解并掌握相关知识。

（三）教学资源优化

大数据技术在优化教学资源方面也具有巨大潜力。通过对大量教学资源进行挖掘和分析，教师可以发现哪些资源最受学生欢迎，哪些资源对学生的学习效果最好。基于这些数据，教师可以精选出最适合学生的教学资源，从而提高教学效果。

此外，大数据技术还可以帮助教师发现教学资源中的不足和缺陷，及时进行调整和改进。例如，如果发现某种类型的教学视频在学生的学习效果上表现不佳，教师可以及时更换为其他形式的教学资源，以确保学生能够获得最优的学习体验。

（四）学生评估与反馈

大数据技术不仅能够协助教师进行教学，还能够提供更为全面和准确的学生评估。传统的学生评估通常基于定期的考试或作业成绩，这种方式往往只能反映学生某一时间段的学习情况。而大数据技术可以分析学生的全过程学习数据，更准确地评价学生的学习能力和进步情况。

对于学生而言，通过大数据技术提供的评估报告，他们可以更清楚地了解自己的学习状况，知道自己在哪些方面做得好，在哪些方面需要努力。同时，这也能为学生和教师之间提供一个更直接的沟通桥梁，学生可以根据报告中的反馈调整学习策略，而教师则可以根据这些反馈优化教学方法，进一步提升教学效果。

二、利用大数据技术设计作业的优势

利用大数据技术设计作业，可以精确评估学生的学习成果，提高教学效率，同时加强师生互动，为个性化教学提供有力支持，促进学生全面发展。

（一）精确评估

利用大数据技术设计作业的一个显著优势是能够实现对学生学习成果的精确评估。在传统的作业批改方式中，教师往往需要花费大量时间手动批改作业，而且评估结果可能受到主观因素的影响，缺乏客观性和准确性。然而，大数据技术的运用可以改变这一现状。

首先，大数据技术可以实时收集学生的学习数据，包括作业完成情况、答题准确率、学习时长等。这些数据能够客观、全面地反映学生的学习表现和进步程度，为教师提供更准确的评估依据。通过数据分析，教师可以清晰地看到每个学生在不同知识点上的掌握情况，从而对学生的学习水平进行更精确的划分和评估。

其次，大数据技术还可以通过数据挖掘和预测分析，发现学生潜在的学习问题和需求。通过分析学生的学习模式和习惯，教师可以及时预警学生的学习困难，并提供有针对性的干预和帮助。这种精确的评估方式有助于教师更好地了解每个学生的学习情况，为后续的教学和辅导提供个性化、目标明确的指导。

（二）提高效率

利用大数据技术设计作业可以显著提高教学效率。

首先，在作业批改方面，大数据技术可以自动批改客观题答案，并快速给出评分和解析。这样不仅能够大大减轻教师的批改工作量，而且学生在提交作业后能够立即获得反馈，及时纠正错误，避免等待批改结果的时间浪费。

其次，大数据技术还可以帮助教师更好地管理作业流程。通过设置作业提交的截止时间、自动记录作业完成情况等功能，教师可以更方便地跟踪和监控学生的作业进度，确保学生按时完成作业。同时，教师还可以根据大数据分析的结果，优化作业设计和布置策略，减少无效和低效的作业，提高作业的针对性和实效性。

（三）加强师生互动

利用大数据技术设计作业有助于加强师生之间的互动。在传统教学模式下，师生互动往往局限于课堂时间，而且受限于人数和时间等因素。然而，在大数据技术的支持下，师生之间的互动可以更加充分和实时。

首先，大数据技术可以为师生提供一个在线的交流平台。学生可以通过平台向教师提问，教师则可以及时回复、给予指导。这种实时的互动方式有助于及时解决学生的学习困惑，增进学生对知识的理解和掌握。

其次，大数据技术还可以促进师生之间的合作与分享。教师可以利用大数据技术创建在线协作空间，学生可以在这个空间中共同完成作业、讨论问题、分享学习资源等。这种合作与分享的方式有助于激发学生的学习兴趣和动力，培养学生的团队协作能力和创新精神。

三、利用大数据技术设计作业的原则

利用大数据技术设计小学数学实践作业，应以学生为中心，通过数据驱动、个性化设计、针对性整合、实时反馈和灵活性调整，提升学生的学习效果和学习兴趣，促进学生的全面发展。

（一）数据驱动原则

数据驱动原则是现代教育与大数据技术结合的核心理念之一。在传统教学中，教师往往依赖经验、直觉或统一的教材来为学生设计作业。然而，这种方法忽略了每个学生独特的学习情况和需求。而大数据技术为教育提供了前所未有的机会，能够收集、分析和解读学生的学习数据，从而更精确地了解每个学生的学习状态。

当应用于小学数学实践作业设计时，数据驱动原则意味着作业的内容、难度和形式都应以学生的学习数据为出发点。例如，通过分析学生在课堂上的互动、答题记录、学习时长等数据，教师可以判断学生对某个知识点的掌握程度，进而为这些学生设计针对该知识点的实践作业。这种基于数据的作业设计能够确保作业的针对性和实效性，避免传统作业中的"一刀切"现象。

（二）个性化原则

每个学生都是独一无二的，他们有不同的学习方式、速度和兴趣点。个性化原则承认并尊重这些差异，确保每个学生都能在适合自己的方式下进行学习。利用大数据技术，教师可以为每个学生绘制学习图谱，了解他们的学习习惯、兴趣点和薄弱环节。

个性化原则在实践作业设计中的体现就是作业的多样性和可调性。作业的多样性意味着教师要为同一知识点设计多种题型或呈现方式，以适应不同的学生。而可调性则要求作业的难度、数量和要求能根据学生的学习情况进行动态调整。例如，对于在某一知识点上表现优异的学生，教师可以为其提供更为复杂、深入的作业题目，鼓励其进一步探索；而对于那些在这一知识点上存在困惑的学生，教师可以为其提供更为基础、直观的题目，帮助其巩固基础知识。

（三）整合性原则

在大数据时代，教育资源的丰富度与日俱增。整合性原则鼓励教师充分利用这些资源，将其与实践作业有机结合，为学生提供更为全面、深入的学习体验。这意味着，除了传统的文本或题目，实践作业还可以整合视频教程、在线互动工具、模拟软件等多种资源。

整合性原则还强调资源与作业内容之间的内在逻辑关联。不是简单地将各种资源堆砌在一起，而是要确保资源与作业目标、学生需求之间的紧密关联。这种整合方式不仅能够丰富学生的学习体验，也能够提高作业的实效性和应用价值。

（四）针对性原则

针对性原则是教育教学中的一项重要原则，它要求教师在设计实践作业时，紧密结合教材内容和教学大纲，针对学生的学习短板和知识需求，进行有针对性的设计和布置。这样做可以确保学生在完成作业的过程中，能够有针对性地巩固和拓展学习内容，提升学习效果。

在小学数学教学中，学生的知识掌握情况存在差异，每个学生都有自己的学习短板和知识需求。因此，教师可以通过大数据技术，对学生的学习数据进行分析，找出学生的学习短板和知识需求，然后根据这些信息，设计涵盖特定知识点的实践作业。

例如，如果学生在分数运算上存在困难，教师可以设计一些与分数运算相关的实践作业，通过多次练习，帮助学生掌握分数运算的规则和方法。同时，教师还可以根据学生的实际情况，调整作业的难度和数量，确保作业既能满足学生的学习需求，又不会给学生带来过大的学习压力。

（五）实时反馈原则

实时反馈是大数据技术在教育领域中的一大优势。传统的教学方式中，学生提交作业后，通常需要等待教师批改后才能得知自己的答案是否正确。而利用大数据技术，可以实时收集学生完成作业的情况，并及时给予反馈。

实时反馈的意义在于，学生能够立刻知道自己的学习成果，并及时纠正错误。这种及时的反馈机制有助于学生及时发现并改正自己的学习问题，防止问题积累，影响后续的学习。同时，教师也可以通过实时反馈，及时了解学生的学习情况，为接下来的教学提供参考。

（六）灵活性原则

灵活性原则指的是在实践作业的设计过程中，教师需要保持足够的灵活性，根据学生的学习进度和反馈情况，灵活调整作业的要求和完成时间。这是因为学生的学习进度和理解能力存在差异，统一的作业要求和完成时间可能并不适合所有学生。

通过大数据技术的支持，教师可以实时追踪学生的学习进度，如果某个学生在某个知识点上花费的时间过长，或者答题正确率较低，那么教师可以灵活地调整该部分实践作业的难度和要求。同时教师也可以调整作业的完成时间。如果某个学生因为某种原因无法按时完成作业，教师可以根据具体情况，灵活调整作业的完成时间，避免因为时间安排的问题影响学生的学习效果。这种灵活性能够确保作业与学生的实际需求之间的动态契合，保证学生能够在适宜的节奏下进行学习。

四、利用大数据技术设计作业的步骤

通过大数据技术深入分析学生的学习数据，教师可以全面了解学生的学习情况和需求，从而确定个性化、有针对性的实践作业目标和内容，整合优质教学资源与实践作业结合，以丰富多样的形式和内容促进学生的数学学习和全面发展。

（一）分析学生的学习数据

在利用大数据技术设计小学数学实践作业中，分析学生的学习数据是至关重要的第一步。这涉及对学生全面的学习行为进行深入挖掘和理解。首先，教师可以利用大数据技术分析学生的知识掌握情况，包括每个知识点的学习效果，找出学生的知识薄弱点。其次，通过分析学生的学习习惯和学习兴趣，教师可以更准确地把握学生的学习特点和需求，为后续的作业设计提供重要参考。最后，教师还可以通过分析学生的错题记录，发现学生常常犯错或混淆的问题，从而有针对性地强化相关知识点在作业中的体现。因此，通过大数据技术分析学生的学习数据，教师能够更全面地了解学生的学习情况，为后续个性化作业设计提供科学依据。

（二）确定实践作业的目标和内容

实践作业的目标和内容是基于学生学习数据分析结果而定的。在大数据的支持下，教师可以准确地判断学生当前的学习状况和能力水平，进而设定明确、具体的实践作业目标。这些目标可以是知识点的掌握、解题技巧的熟练运用，也可以是思维能力的拓展等。同时，教师可以结合教材内容、教学大纲以及学生的实际需求，设计富有针对性、挑战性的实践作业内容。这些内容可以包含各种类型的数学题目，如计算题、应用题、推理题等，以满足学生不同层次、不同方面的学习需求。

（三）个性化设计实践作业

借助大数据技术的个性化设计能力，小学数学实践作业可以因人而异，充分尊重学生的学习差异和特点。首先，教师可以根据学生的知识水平和学习风格来个性化设计实践作业的难度和复杂度，确保作业与学生的能力水平相匹配，避免作业过于简单或困难。其次，教师可以考虑学生的兴趣和特长，设计有趣、多样化的作业形式，如数学游戏、数学竞赛等，激发学生的学习兴趣和积极性。最后，大数据还可以帮助教师追踪学生的学习进程，根据学生的学习情况和反馈，进行作业的动态调整和优化，确保作业内容始终与学生的实际需求相契合。

（四）整合教学资源，与实践作业相结合

在大数据技术的支持下，教师可以充分整合各种优质教学资源，并与实践作业紧密结合。教师可以利用大数据分析的结果，寻找与学生当前学习需求匹配的教学资源，如教学视频、互动课件等，然后将其嵌入实践作业中。学生可以在完成作业的同时通过教学资源进一步巩固和拓展相关知识。这样的整合方式不仅能够丰富实践作业的内容和形式，也能够为学生提供更多元化、个性化的学习支持，促进学生对知识的深入理解和应用。

五、利用大数据技术设计数学实践作业的案例——以“测量”为例

（一）作业标题

基于大数据技术的“测量”数学实践作业。

（二）作业目标

通过实践作业，让学生深入理解和掌握测量的基本概念和方法，提高其动手能力和解决实际问题的能力。

（三）作业特色：实践作业，大数据应用

1. 作业前的预测与设计

基于大数据技术，教师可以对学生的学习行为、兴趣、能力进行预测和分析，从而在设计实践作业时更加具有针对性。具体到“测量”这一主题，教师可以根据学生在过去的学习中对测量相关概念的掌握情况，预测学生可能感兴趣或者感到困难的部分，针对这些部分加强作业设计。

例如，如果大数据分析显示大部分学生在长度和质量的测量上有较好的知识基础，但在面积和体积的测量上存在困惑，那么教师将设计更多与面积和体积测量相关的实践作业，让学生在实践中巩固和加深理解。

2. 作业中的数据收集与整理

在作业过程中，学生需要利用大数据技术收集现实生活中的各种测量数据。例如，他们可以通过网络收集各种物体的尺寸、质量等数据，这些数据既可以作为他们作业的参考，也可以让他们了解到测量的实际应用。

同时，学生需要使用大数据技术对这些数据进行整理和分析，通过比较、分类、图形化等方式，发现数据中的模式和趋势，从而更深入地理解测量的概念和方法。

3. 作业后的数据分析与评价

完成作业后，学生和老师都需要利用大数据技术对作业成果进行分析和评价。首先，学生可以通过大数据技术，将自己的作业数据与全班同学

的作业数据进行比较，从而了解自己的水平和进步情况。

而教师则可以通过大数据分析，对全班学生的作业情况进行全面的了解。例如，教师可以分析学生的测量数据是否准确、测量方法是否合理、数据分析是否到位等，从而对学生的作业进行客观、公正的评价。此外，教师还可以通过分析学生的作业数据，发现学生在测量学习中的共性问题和个性问题，为后续的教学提供参考。

（四）总结与反思

在作业完成后，学生需要对自己的作业过程进行反思和总结。他们可以利用大数据技术，将自己的作业过程进行可视化，从而更直观地了解自己的学习情况和进步程度。通过反思和总结，学生可以找出自己在完成作业过程中的优点和不足，为后续的学习做好准备。

这份基于大数据技术的“测量”数学实践作业，不仅能让学生通过实践掌握测量的知识，还能让他们在实践中体验和应用大数据技术，提高他们的数据收集、整理、分析和评价能力，为他们未来的学习和生活打下坚实的基础。